The song of songs

최신 아가서 해설

최요한 지음

예찬사

■ 머리말

필자는 목회 생활 초기인 1980년대 중반부터 '어떻게 하면 성경을 쉽게 이해할 수 있을까?'를 생각하기 시작했다. 그리고 그 생각하고 깨달은 바를 많은 사람들에게 전달해 줌으로써 성경을 올바로 이해할 수 있도록 돕는 것을 지금까지 사명으로 여겨 왔다.

성경은 히브리 민족의 역사를 기록한 책이다. 그런데 이 책이 지상의 어느 책들보다도 이해하기가 어렵다. 그것은 그 속에 수많은 비유(譬喩)와 상징(象徵) 그리고 신의 계시(啓示)가 숨은 그림처럼 담겨 있기 때문이다. 그중 히브리서, 요한계시록, 아가서 등은 특히 이해하기 어려운 책으로 알려져 있다.

한 편의 훌륭한 드라마인 아가서는 사건의 전개(흐름)

에 있어 시공간적으로 도약(跳躍)된 부분이 많이 있다. 따라서 아가서의 내용을 일관성 있게 이해하기가 매우 힘들다. 그래서 이에 대한 해석 자체가 해설자에 따라 아주 다양하게 나타나고 있는 것이 엄연한 현실이다.

본 해설서는 독자들이 최대한 이해하기 쉽도록 심혈을 기울였다. 또한 본문 해설 외에도 시공간의 간격으로 이해하기 어려운 부분의 경우에는 아가서 전체의 내용을 전후 관계 및 배경을 바탕으로 필자가 가상으로 편집하여 간격 안에 삽입을 했다. 그래서 아가서 전체의 흐름을 파악(把握)하기가 아주 쉬울 것이다.

참고로 본서의 성경 본문은 히브리어 성서와 영어 성서를 대조한 후, 우리말 어법에 맞춰 새롭게 번역(飜譯)했다는 것을 밝혀 둔다. 여기서는 물론 필자가 새로 번역한 아가서를 사용하고 있다.

아무쪼록 독자 여러분들이 아가서를 올바로 이해하는 일에 자그마한 도움이라도 되기를 진심으로 기원한다.

■ 차례(contents)

The song of songs

제 1 부
아가서 총론

여호와의 불꽃

제1막 목동을 사랑한 술람미
제2막 술람미와 예루살렘 딸들

1. 아가서의 저자

아가서의 저자는 이스라엘의 3대 왕이었던 솔로몬이다. 그는 40년간 왕위에 있었는데, 통치 말년에 이방 여인을 맞아들여 우상을 섬긴 것 외에는 성전을 짓는 등 철저하게 여호와를 섬긴 훌륭한 왕이었다.

특히 그는 지혜가 남달라서, 그 명성이 주위의 많은 나라들과 백성들에게 널리 알려져 있었다. 수많은 임금들과 방백들이 그의 지혜를 들으려고 예물을 들고 찾아오곤 할 정도였다(왕상 4:34). 그런 지혜를 가진 솔로몬이 잠언(箴言) 삼천을 말하였고, 노래는 일천 다섯에 이른다. 그는 또한 초목에 대한 글을 남겼는데, 레바논 백향목으로부터 담(울타리)에 나는 우슬초에 이르기까지 다양했다. 그리고 짐승과 새와 기어 다니는 것과 물고기에 대한 글도 남겼다(왕상 4:32~33). 하지만 대부분 오늘날까지 전해지지는 않고 있다.

잠언서는 그의 여러 잠언들 중 일부의 기록이다. 전도서는 인생을 노래한 글이다. 아가서는 일천 다섯에 이른다는 노래 중에 가장 아름다운 노래이다. 솔로몬은 위대한 왕이면서 이렇듯 글과 노래를 사랑한 훌륭한 문인이었다.

2. 저작 연대

솔로몬은 기원전 1090~1050년에 걸쳐 40년간 나라를 다스렸다. 아가서는 그의 통치 초기가 아닌 중기 이후에 쓰였을 것이다. 그 이유는 아가서가 솔로몬의 왕궁을 배경(背景)으로 하고 있기 때문이다. 솔로몬은 왕위에 오른 지 4년째 되는 해에 성전 공사를 시작하여 7년에 걸쳐 완공했다(왕상 6:37). 그리고 그 후 13년에 걸쳐 왕궁을 지었다(왕상 7:1). 따라서 왕궁이 지어지기까지의 통치 기간은 23년이 지난 셈이다.

따라서 작품이 쓰인 연대는 대략 통치 시작 후 25~30년 사이일 것으로 보인다.

3. 주제

아가서는 솔로몬의 작품 중에서도 가장 문학적인 가치와 깊이가 있는 글이다. 아가서는 한마디로 드라마 중의 드라마이다. 이 드라마의 주제는 흔히 알려진 것처럼 인간 남녀의 육적인 사랑을 다루고 있지 않다. 그것은 이스라엘의 신인 여호와가 어떻게 그의 백성을 사랑하는지를 비유(譬喩)와 상징(象徵)으로 보여 주는 글이다. 유대인들 역시 이 아가서를 그들에 대한 신의 사랑으로 이해하고 있다. 신약의 개념으로 보면, 그리스도와 교회의 사랑을 노래한 글이다.

'아가서' 라는 드라마는 아리따운 시골 아가씨가 그의 연인이었던 목동을 떠나 새로운 연인 솔로몬을 사랑하여 그의 신부가 된다는 내용으로 짜여 있다. 그런데 그 과정이 매우 현실감 있게 전개되고 있다.

4. 등장인물

아가서에는 네 명의 배우가 등장한다. 주연으로 솔로몬과 술람미 여인이 있다. '술람미 여인' 은 히브리어로는 '술라마이트 שׁוּלַמִּית ' 라고 한다. 이 말은 아가서 6장 13절과 14절 두 곳에만 나타나는데, 이는 '술람미 출신의 여인(Shulammite)' 이라는 뜻이다. 그러나 '술람미' 라는 지명은 이스라엘 땅에 존재하지 않는다. 실재하는 지명이 아니라는 말이다. 이는 솔로몬 שלמה 의 여성형 명사다. 곧 '솔로몬의 여인' 이라는 의미를 부여(賦與)하고 있는 것이다.

그런데 여러 주석이나 해설서들을 보면 더러 '술람미' 를 '수넴' 으로 그리고 '술람미 여인' 을 '아비삭' 이라고 설명하는 글을 보게 된다. 이는 정황상 쉽게 받아들이기 힘든 주장이다.

다윗 왕은 그의 통치 말년에 이불을 덮어도 따뜻하지 않을 정도로 몸이 많이 쇠약해 있었다. 그래서 그 신복들은 왕의 몸을 보호해 줄 수 있는 젊은 여인이 필요하다고 판단했다. 이를 위해 선택되었던 여인이 바로 수넴 여자 '아비삭' 이었다. 물론 다윗 왕은 그녀와 동침하지는 않았다(왕상 1:1~4).

마침내 다윗이 죽자 솔로몬이 왕이 되고, 그의 배 다른 형제인 아도니야가 아비삭을 자기의 아내로 삼게 해 달라고 솔로몬에게 부탁한다. 그러나 솔로몬이 보기에 이는 도저히 용납할 수 없는 일이었기에 결국 아도니야를 죽여 버린다(왕상 2:13~25).

이런 사실로 미루어 볼 때, 솔로몬이 자기 아비의 품에 있던 젊은 처녀를 연인으로 삼았다고 한다면, 이는 그 아비에 대한 모독(冒瀆) 행위임에 틀림없다. 그리고 '수넴' 역시 '술람미'와는 어원상으로도 아무 관련이 없다.

앞에서 언급한 대로 아가서는 자기 백성에 대한 여호와의 사랑을 나타내고자 한 글이라는 것을 가슴 깊이 새겨야만 한다.

아가서에는 솔로몬과 술람미 여인 외에도 조연으로 목동과 예루살렘의 딸들이 등장한다. 성서 66권은 모두 구속사적인 성격을 띠고 있다. 아가서 역시 예외는 아니다. 아가서에 등장하는 솔로몬은 그리스도의 표상이요, 술람미는 이방인의 표상이다. 그리고 술람미가 사랑했던 목동 또한 그녀처럼 유대 백성이 아닌 그냥 이방인이다. 술람미 여인이나 목동이나 모두 하나님을 알지 못하는 불신자에 비유된다. 마지막으로 예루살렘 딸들은 천사나 영들, 더 나아가서는 성령으로 그려지고 있다.

이런 사실을 감안(勘案)하고 이 드라마를 감상해야 한

다. 아울러 술람미 여인은 바로 이 글을 읽고 있는 '여러분과 나 자신' 이라는 사실도 명심(銘心)해야 한다. 즉 내가 이 세상에 대한 미련(未練)을 버리고 어떻게 그리스도에게로 가야 하는지를 주의 깊게 살펴보아야 하는 것이다.

5. 지리적 배경

본문을 자세히 읽어 내려가다 보면, 드라마 속에서의 술람미는 레바논 산 중턱에 자리하고 있는 한 마을이라는 것을 알게 된다. 따라서 본 드라마의 무대배경은 예루살렘과 갈릴리 북쪽 지역 레바논이다.

술람미 여인과 목동은 레바논에 살고 있는 배우들이다. 솔로몬과 그의 여인들은 예루살렘에 살고 있는 배우들이다. 둘은 북쪽 끝에 또 다른 둘은 남쪽에 살고 있다. 따라서 드라마는 레바논과 예루살렘을 오가면서 그 사건이 전개(展開)되고 있다.

레바논은 지중해 연안의 좁은 해안 평야 지대를 제외하고는 전체가 산지로 되어 있다. 레바논 산맥은 레바논

중앙부에 있는 산맥으로 총길이가 약 240km이다. 중앙부에는 쿠르네트아스사우다 산(3,088m)이 우뚝 솟아 있다. 레바논 산 동쪽으로는, 헤르몬 산(2,814m)을 최고점으로 하는 안티레바논(Anti-Lebanon) 산맥이 레바논 산맥을 마주 보며 남북으로 길게 뻗어 있다. 그리고 이들 산맥 사이에는 남북 길이 120km, 동서의 너비 10km에 이르는 해발고도 1,000m 내외의 베카 고원이 있으며, 고원의 북쪽으로는 아시 강(江)이 흐르고, 남쪽으로는 리타니 강이 흘러내린다. 리타니 강 주변은 역사적으로 다양한 종교 집단이 거주한 것으로 알려져 있다.

이렇듯 웅장하고 위엄이 있어 보이는 레바논 산에는 우람한 크기의 백향목(柏香木, cedar tree)이 울창(鬱蒼)하게 자라고 있다. 이 나무는 높이가 30m 이상에 이르며, 폭은 2~3m나 된다. 아름다운 나뭇결과 단단한 목질에 향기가 아주 좋은 것으로 알려져 있다. 다윗 왕궁과 솔로몬 왕궁 그리고 성전의 기둥이 모두 백향목으로 세워졌다.

본서의 자연 배경에는 또한 지중해 연안을 따라 길게

늘어선 평야가 있다. 특히 욥바 근처에서 북쪽의 갈멜 산에 이르는 약 80km의 지역은 다른 평야보다 더욱 비옥하고 아름다운 곳이다. 이 지역을 예로부터 샤론(Sharon)의 평원이라고 불러 왔다. 이 평원은 레바논 산으로 이어진다.

고대 샤론에는 물이 풍성하였으며, 습지가 여기저기 널려 있어 봄이 되면 곳곳에서 아네모네, 양귀비, 들장미, 튤립, 백합, 히아신스, 고벨화, 수선화 등이 아름답게 피어나 장관(壯觀)을 이루었다.

이로 보건대, 술람미 여인과 목동이 사는 곳은 지상낙원과 같은 곳이다. 반면, 예루살렘은 자연 환경으로 볼 때는 그리 아름다운 곳이 아니다. 즉 흠모(欽慕)할 만한 곳이 아닌 것이다. 예루살렘을 내려다보는 감람산도 해발 높이 810m에 불과하다.

6. 아가서의 특징

아가서의 첫 번째 특징은 어떤 의미에서 '작은 출애굽의 역사'와도 같다는 데 있다. 모세의 인도로 애굽을 탈

출한 히브리 민족은 광야의 40년 생활에서 옛 애굽을 그리워하며 그 미련을 버리지 못했다. 그들은 여호수아의 인도 아래 가나안에 들어가서도 여호와를 배신하고 왕을 세웠다. 그리고 왕국을 형성한 이후에도 그들이 믿는 신에 대한 배신(背信)행위는 절정에 달했다. 결국은 나라가 이스라엘과 유다 왕국으로 분열(分裂)되고, 급기야는 이들 모두 이방의 포로(捕虜)가 되고 만다. 이들은 포로에서 돌아온 후에야 새 예루살렘의 영광을 보게 된다.

아가서의 여주인공 술람미 여인 역시 솔로몬을 만난 이후에도 외형적으로 크게 세 번이나 고향 길로 되돌아갔다. 네 번째에 가서야 자신을 완전히 버리고 솔로몬의 진정한 여인이 된다.

아가서의 두 번째 특징은 인간에 대한 신의 애절한 사랑을 다른 어느 책보다도 특별히 강조하고 있다는 데 있다. 물론 호세아서에서도 그런 사랑의 일면을 볼 수는 있다. 하지만 그것은 이스라엘이 하나님을 배신(背信)했다는 측면을 더 강조하고 있다. 본 아가서에서는 신의 사랑을 술람미에 대한 솔로몬의 사랑으로 그려내고 있다.

솔로몬은 술람미가 예루살렘을 처음 방문하던 날, 거대한 환영만찬을 베풀었다. 그리고 세 번째의 만남에서는 가마를 타고 그녀의 고향 레바논으로 가서 신부로 모셔 온다. 그래도 그녀가 고향에 대한 미련을 버리지 못하고 다시 되돌아가자, 궁녀들을 데리고 레바논을 찾아간다. 그리고는 결국 그녀를 설득하여 예루살렘으로 귀환한다.

그래서 술람미 여인도 자신이 최후의 승리를 얻은 것은 스스로에 의한 것이 아니라, 죽음보다 더 강한 솔로몬의 사랑에 의한 것이라고 고백을 한다.

제1막
목동을 사랑한 술람미

배경 레바논

갈릴리 호수 북서부에 위치한 레바논 산 중턱에 '술람미' 라는 소박(素朴)한 마을이 있다. 이곳은 이스마엘의 둘째 아들 게달(대상 1:29)의 후예(後裔)들이 많이 사는 곳이다. 그들은 주로 목축을 하며 살아간다. 그들의 장막(帳幕)은 염소 가죽으로 만들어져 있어 검은 색을 띠고 있다. 그래서 '게달의 장막' 이라고 부른다. 히브리어 '게달(Kedar, קֵדָר)' 은 '거무스레하다' 라는 뜻이다.

레바논 산 일대는 울창한 숲과 시원한 물줄기가 많아서 양과 염소들을 방목하기에는 이상적인 장소다. 따라서 양들과 염소들의 가죽은 제법 윤기가 있고 아름다웠기에 그들의 천막도 아름답게 보일 수밖에 없다. 또한 레바논의 포도원이나 다른 과일을 재배하는 동산들도 늘 푸르고 싱싱한 열매로 가득하다.

이런 낙원 같은 마을에 외모가 아주 뛰어난 한 젊은 여인이 살고 있다. 여기서는 그녀의 호칭을 '술람미 여인' 또 때에 따라서는 그냥 '술람미' 라고 부르겠다.

그녀의 아버지는 이미 세상을 떠난 지가 여러 해나 되었고, 지금은 어머니와 오라비들 둘과 함께 한 가정을 이루며 살아가고 있다. 술람미의 어머니는 외동딸인 그녀를 아들들보다 더욱 사랑하고 있지만, 아들들의 눈치를 보느라 사랑을 마음껏 표현하지는 못하고 있다. 그런데 그녀는 지금 오라비들과 서로 불편한 관계에 있다.

이날도 아직 동이 트기 전 이른 아침이었다. 술람미의 오라비들은 새벽부터 일어나 각자 해야 할 일들로 분주(奔走)하게 움직이고 있었다. 하지만 집안의 막내인 술람미는 늦은 아침시간이 되었어도 일어나지 않고 잠자리에 그대로 누워 있다. 그녀의 작은 오라비는 아침 식사가 끝나자, 양들을 몰고 들판으로 나갔다. 큰 오라비도 농기구를 챙기고는 포도원 농장으로 막 나갈 참이었다. 언제나 늦게 일어나는 누이동생이지만, 오늘 따라 그녀는 더욱 늑장을 부리고 있다. 큰 오라비가 걱정스런 모습으로 누이동생에게 말한다.

큰오라비

"술람미야! 넌 아직도 잠자리에 누워 있니? 아침 해가 저만치 떠오르고 있는데."

술람미

"음, 나 많이 피곤해. 좀 더 자야 해."

큰오라비

"넌 포도원 일에 열심을 내지 않으면서도 늘 아침이면 피곤하다고 하니 웬일이야?"

술람미

"음, 아무튼 피곤해. 왜 그런지는 나도 몰라."

오라버니는 내심 누이가 불면증으로 인해 잠을 제대로 못 자서 피곤(疲困)할 수밖에 없다는 것을 알고 있다. 그래서 크게 화를 낼 수는 없는 상황이다.

술람미는 큰 오라버니를 도와 포도원 일을 하고는 있지만, 하루에 고작 3~4시간 정도에 지나지 않는다. 늦게 일터로 나가고, 나가서도 포도원 일을 하는 시간보다는 쉬는 시간이 더 많다. 그녀가 포도원에서 일한 지는 이제 6개월밖에 안 된다. 그 전에는 작은 오라비를 따라 다니며 양치는 일을 열심히 도왔었다.

그러던 어느 날, 그녀에게 삶의 새로운 변화가 오기 시작했다. 하루는 술람미가 양들에게 물을 먹이려고 산골짜기 냇가에 이르렀을 때, 거기에는 먼저 와서 양무리에게 물을 먹이고 초원으로 향하는 목동들이 있었다. 술람미는 그들 중 하나에게 눈길이 갔다. 그는 큰 키에 머리는 곱슬곱슬하고, 얼굴이 희고 붉게 보이는 청년이었다. 더군다나 붉은 입술에, 반짝거리는 두 눈에서 흘러나

오는 강렬한 빛은 그녀의 마음을 사로잡고도 남음이 있었다. 그래서 그녀는 양들이 물을 먹는 동안 그 목동이 가는 길을 뒤에서 계속 지켜보지 않을 수 없었다.

그런데 그 청년 또한 뭔가에 이끌리는 듯, 여러 차례나 가던 길을 멈추고는 '슬쩍' 뒤를 돌아보곤 했다. 그때마다 서로의 눈길이 부딪쳤다. 아쉬움을 남긴 채 목동은 그대로 멀리 그녀의 시야에서 사라져 갔다.

그때로부터 한 달이 지난 어느 날이었다. 술람미는 동네 친구들과 함께 걸어서 한 시간 남짓 거리에 있는 '돈비' 라는 성읍으로 갔다. 생필품을 사기 위해서였다. 그 성읍에는 제법 규모(規模)가 큰 시장이 있어 필요한 모든 물품을 구입할 수 있었다.

그날 술람미는 예쁜 신발을 하나 골랐다. 그리고 다른 물품들을 구경하기 위해 몇 발자국 옮겨 가고 있었는데, 한 가게에서 키가 큰 어떤 청년이 모자를 고르고 있는 것이 보였다. 얼핏 보기에도 산골짜기에서 보았던 바로 그 목동이었다. 하지만 아쉽게도 그 남자는 아직 그녀를 보지 못했다.

술람미의 가슴이 두근거리기 시작하면서 자신도 모르게 발걸음이 그대로 멈춰 서고 말았다. 그녀는 함께 간 동네 친구들이 자신의 모습을 볼까 봐 조금은 긴장(緊張)하는 빛이었다. 그러는 사이 친구들은 얼마간 앞서 가기 시작했고, 마침내 그 청년도 그녀를 보고는 깜짝 놀라는 표정이면서도 반가워하는 기색(氣色)이 역력했다.

목동(눈이 휘둥그레지면서)

"여기서 이렇게 만나다니요!"

술람미는 뭐라고 말해야 할지 몰랐다. 목동이 다시 말을 건넨다.

목동

"예쁜 신발을 사셨군요? 빨간 색깔이 아주 잘 어울리네요."

그러자 술람미도 망설이지 않고 선뜻 말대꾸를 했다.

술람미

“네, 반가워요. 모자가 잘 어울리시네요. 멋스럽기도 하고요.”

목동(부드러운 음성으로)

“우리 저쪽에 있는 쉼터로 가서 얘기라도 나눌까요?”

술람미(잠시 주춤거리면서)

“네, 그렇게 하고 싶네요. 그런데 동네 친구들이 함께 왔어요.”

목동

“그렇군요. 그럼 다음 주에 여기서 만나기로 약속할까요?”

술람미

“네, 좋아요.”

술람미와 목동은 서로 아무런 거리감도 없이 다시 만날 것을 약속했다. 그리고는 각자의 발걸음을 옮겼다. 술람미는 서둘러 종종걸음으로 친구들에게로 향해 갔다.

슬로핫

"넌, 왜 그리 발걸음이 느려?"

수아

"그러게 말이야. 하기야, 술람미는 평소에도 늘 천천히 걸어다니는 느림보였으니까."

술람미

"친구들아! 미안하다. 예쁜 모자가 있어서 잠시 구경 좀 하느라고."

술람미는 그 청년과 약속한 대로 일주일 후, 다시 그 성읍을 찾았다. 물론 그날은 혼자였다. 그녀가 약속 장소에 가까이 이르렀을 때, 목동은 이미 그 자리에 와서 기다리고 있었다. 목동은 저만치서 다가오고 있는 술람미를 보자 기다렸다는 듯 막 달려가서 술람미를 맞았다.

목동

"어여쁜 아가씨! 다시 만나게 되어 반갑습니다. 어쩌면 안 나올지도 모른다고 생각했었는데."

술람미(약간 고개를 숙인 채)

"반가워요. 오늘은 날씨도 유난히 화창하고 좋아요."

목동

"그렇지요? 아가씨 표정처럼 맑은 날씨입니다. 이 시장 외곽(外廓)에 아주 유명한 쉼터가 있습니다. 우리 거기로 갈까요?"

술람미

"좋아요. 그렇게 하세요."

이리하여 술람미는 목동을 따라 그 성읍에서 이름난 한 쉼터로 가게 되었다. 그 쉼터 이름은 '샤롬(Shalom)' 이었다. 그곳은 젊은 남녀들이 많이 모여 사랑의 대화를 나누는 장소였다.

술람미

"우~와, 손님들이 꽤나 많이 있어요! 이렇게 넓은 공간인데도."

술람미는 좀 의아했다. 이런 모습을 처음 보았기 때문이다. 하지만 그녀는 곧 자신과 비슷한 또래의 젊은이들이 이미 많이 와 있다는 것에 친숙함을 느낀다.

목동

"여기는 항상 손님들이 만원입니다."

술람미(목동의 얼굴을 똑바로 쳐다보며)

"여기에 자주 오시나 봐요?"

목동

“아~, 아닙니다. 처음입니다. 그냥 지나가면서 봤을 뿐입니다.”

그들은 쉼터 안내원의 도움으로 자리에 앉았다. 술람미는 자리에 앉자마자 두리번거리며 여기저기를 살펴본다. ‘저들은 무슨 얘기들을 나누고 있는 것일까?’ 그녀는 마음속으로 이런 생각을 하며 목동의 반짝거리는 눈을 쳐다보았다.

술람미

“저기 남녀들의 모습이 참 아름다워 보여요.”

목동

“그렇군요. 하지만 저 사람들도 우리를 보면서 ‘참으로 잘 어울리는 커플이네!’ 라고 말할지도 모릅니다.”

목동의 재치 있는 말에 술람미는 마음이 조금은 이끌

리는 듯했다.

'돈비' 시장 쉼터 '샤롬(Shalom)'은 양젖으로 만든 치즈와 염소 햄버거 맛이 일품으로 소문난 곳이다. 게다가 주인 집 털보 아저씨는 뚱뚱한 몸매에 잔잔한 유머(humor)가 있어, 그곳을 찾는 젊은 남녀들에게는 대단한 인기가 있었다.

술람미와 목동도 다른 여러 손님들과 마찬가지로 염소 햄버거와 치즈를 주문했다. 포도주도 곁들였다. 술람미는 처음으로 마주 대하는 목동의 말투에서 묘한 감정을 느끼며, 자신도 모르는 사이에 '왠지 좋다'는 둘만의 분위기(雰圍氣)에 서서히 빠져 들어가고 있었다. 붉게 빛나는 포도주 잔이 이들의 대화 분위기를 만드는 데 한몫을 했다. 그날 하루는 술람미에게 넋이 나간 시간의 연속인 듯했다. 얘기를 나누다 보니 어느덧 저녁 노을이 하늘을 물들이고 있었다.

목동

"여기까지 오는 데 시간이 얼마나 걸렸어요?"

술람미

"한 시간 조금 더 걸렸어요."

목동

"그럼 좀 멀리에 사시네요?"

술람미

"네, 그렇죠."

목동은 '돈비' 성읍 외곽으로부터 30분 정도의 거리에 있는 낮은 구릉(丘陵) 지대에 살고 있다. 술람미가 사는 마을과는 반대 방향이다. 목동은 여기에 올 때 나귀를 타고 왔다.

목동

"제가 어여쁜 아가씨를 모셔다 드리겠습니다."

술람미

"어머! 신나는 일이에요."

술람미는 처음 만난 남자 앞에서 이렇게 서슴없는 말을 했다. 이미 그날 하루 서로 간에 격의 없는 대화가 오갔기 때문이다.

목동

"우리 저기 보이는 풀밭 쪽으로 잠시만 걸어가요. 내 나귀가 그곳에 있으니까요."

술람미는 목동(牧童)을 뒤따랐다.

술람미

"나귀가 참 순하게 생겼어요. 그리고 몸집도 크고 힘도 있어 보이네요. 그런데 어딘가 오빠를 많이 닮아 보여요."

목동

"맞아요. 나를 닮아 힘이 상당히 세지요. 둘이 타도 얼마든지 감당할 수 있는 나의 애마(愛馬)입니다. 하지만 순한 모습은 아가씨를 닮았지요."

술람미의 입가에는 자신도 모르는 잔잔한 미소가 그려졌다.

목동

"아가씨! 앞쪽으로 먼저 올라타세요!"

술람미

"아니, 뒤쪽으로 탈래요."

그녀는 '혹시라도 누가 보지나 않을까?' 하는 생각에서 이렇게 대답한 것이었다. 목동과 술람미는 나귀에 올라탔다. 처음으로 남자라는 감정을 느끼며, 그와 함께 나귀에 몸을 실은 기분은 마치 말을 타고 시집이라도 가는 듯한 느낌이었다. 때마침 3,088m 높이의 레바논 산에서 내리 부는 시원한 바람결은 두 사람의 머리 위를 스쳐 가며 더없이 로맨틱한 분위기를 연출해 내고 있었다.

목동

"지금부터는 오르막길입니다. 떨어지지 않도록 조심하세요!"

술람미는 목동의 말이 떨어지기가 무섭게 반사적으로 목동의 허리를 꼭 껴안았다. 머리 또한 앞으로 약간 숙인 채로. 술람미의 집으로 가는 길은 오르고 내려가야만 하는 길들이 적잖이 있었다. 나귀가 언덕을 오르고 내릴 때마다 목동의 허리를 꼭 잡을 때의 감정은 참으로 묘하게만 느껴졌다. 처음 만난 사이이긴 했지만, 술람미에게 목동은 아름드리 백향목 기둥보다 더 듬직해 보였다.

목동

"지금 아가씨와 함께 나귀에 타고 있다는 것이 실감이 나지 않네요. 아가씨! 지금 내 뒤에 앉아 있는 거 정말 맞지요?”

술람미는 아무 대답이 없다. 그러자 목동이 되묻는다.

목동

“아가씨! 지금 내 뒤에 앉아 있는 거 맞지요?”

그래도 아무 대답이 없다.

목동(조금 소리를 높여)

“게달의 어여쁜 아가씨! 주무시나요? 아니면, 어디 갔나요? 대답 좀 해 봐요!”

술람미(약간 놀란 듯)

“아, 나 여기 있어요. 틀림없이 여기에.”

잠시지만, 그녀는 상상의 날개 아래 자신의 얼굴을 묻고 잠시 꿈을 꾸고 있었던 것이다. 행복한 순간순간들이

한 시간 가까이 이들과 함께했다.

마침내 나귀는 마을 어귀 저만치에 멈춰 섰다. 목동이 먼저 나귀에서 내렸다. 그리고 술람미 또한 목동의 손에 의지한 채 나귀의 안장에서 내렸다.

목동

"오늘 이만큼~ 그리고 대단히 즐거운 시간이었습니다."

목동의 얼굴은 중천에 떠 있는 해처럼 빛나는 모습이다. 술람미 역시 신바람으로 가슴 속을 한가득 채우고 있었다. 그녀는 만족스러웠던 시간을 되뇌면서 목동을 향해 말을 한다.

술람미

"목동 오빠! 나 오늘 정말 행복했어요. 그리고 여기까지 와 준 것 고마워요."

둘은 작별의 인사를 하며 헤어졌다. 술람미는 목동이 돌아서 가는 그 모습을 한참이나 바라다보았다. 그가 언덕을 넘어가는 그 순간까지…….

그런 다음, 그녀는 얼굴이 상기된 채로 산지 마을을 향해 천천히 발걸음을 옮겨갔다. 마을 중턱 갈림길에 다다랐을 무렵, 그녀의 친구 '슬로핫'이 텅 빈 물동이를 이고 내려오고 있었다.

슬로핫

"어머~ 술람미야! 어딜 갔다 오는 거야? 오늘 따라 옷이 더욱 잘 어울려 보이네. 얼굴도 화사하고."

술람미

"그래? 슬로핫, 고마워! 나 건너 마을 이모 댁에 갔다 오는 중이야."

슬로핫

"정말? 그런데 왜 옷은 그렇게 예쁘게 차려 입었어?"

술람미

“음, 오늘은 그냥 멋 좀 내고 싶었어. 날씨도 화창하고 해서.”

슬로핫

“술람미야! 내일 모레 우리 집으로 와라! 우리 어머니 생신이야.”

술람미

“그래? 꼭 갈게.”

슬로핫은 물을 긷고자 우물가로 내려갔고, 술람미는 산지 위에 있는 자신의 집을 향해 다시 오르막길을 천천히 걸어 올라갔다.

이후로도 술람미와 목동은 매주 만남의 기회를 가졌고, 그때마다 서로에 대한 애정과 사랑은 한없이 깊고 넓어져 갔다. 그러기를 6개월이었다. 이제 술람미는 오라비보다는 목동 오빠의 양무리에 더 관심을 가지게 되었고, 급기야는 매일같이 연인이 된 목동의 들판으로 출근하기 시작했다. 일터가 달라진 것이다. 이리하여 또 6개월이 흘러갔다.

하지만 오라비들은 누이와 목동의 애정행각(愛情行脚)을 별로 달가워하지 않았다. 왜냐하면 그녀의 집안은 목동과는 혈통이 다른 종족이기 때문이었다. 술람미 집안은 대대로 같은 종족 사이에서만 결혼(結婚)하는 것을 철저한 전통(傳統)으로 이어 오고 있었다. 그래서 그녀의 오라비들은 이를 수차례 극구(極口) 말려 보았지만, 아무런 소용이 없었다. 참다못한 오라비들은 크게 노하여 누이를 강제로 포도원지기로 삼아 목동과의 만남을 자제(自制)하게 만들었던 것이다.

만난 지 1년 만에 억지로 목동과 헤어져야만 했던 술람미는 그 청년을 잊지 못한 채, 그에 대한 그리움과 갈망(渴望)으로 살아간다. 그러다 보니 포도원 관리에 정성을 쏟지 못하고, 몸은 야위어만 가는 채로 그럭저럭 세월만을 보낸다.

그러던 어느 날, 술람미는 솔로몬에 대한 여러 소문을

듣고 그의 사랑과 지혜를 그리워하게 된다. 그렇게라도 하는 것이 상사병(相思病)으로 인해 쇠약해진 몸을 회복(回復)할 수 있는 길이라고 믿었기 때문이다.

제 2 막
술람미와 예루살렘 딸들

잠깐!

(1) 지금부터 나 자신이 '술람미' 라고 가정을 하고 이 드라마를 관람해야 한다. 술람미 여인의 모습은 불신자로서 이제 교회의 목회자를 만나 역경(逆境)을 이기고 완전한 그리스도인으로 성장해 가는 과정으로 이해하라. 본문에서는 때로 '술람미 여인' 을 줄여서 그냥 '술람미' 라고 부르는 경우가 있다. 서로 혼용하고 있으니 참고하기 바란다.

(2) 솔로몬은 '왕이신 그리스도' 의 그림자다. 혹시 본서에 나오는 목동을 '그리스도의 모형' 이라고 이해해서는 안 된다. 왜냐하면, 솔로몬

과 목동은 대립관계에 있을 뿐만 아니라, 짧은 글 속에 그리스도가 두 인격체(배우)로 등장하고 있다는 것은 상식적으로 보아도 이상하기 때문이다. 목동은 그 당시 레바논에서는 흔한 직업일 뿐이다. 이 드라마에서는 그 또한 술람미처럼 평범한 한 인간으로 그려지고 있다. 마지막 부분에 가면, 목동은 그리스도가 아니라는 것이 더욱 명백하게 드러난다.

(3) 예루살렘 딸들은 '하늘의 천사들, 영들, 성령'으로 이해하라. 이들은 솔로몬(그리스도)을 도와 일하는 궁녀들이다.

배경 레바논

솔로몬의 사랑과 지혜를 그리워하는 가운데, 술람미는 솔로몬을 시중드는 예루살렘의 딸들(궁녀들)이 방문할 것이라는 소식을 듣는다. 그 후부터 그녀는 그들이 오기를 손꼽아 기다린다. 약속된 날짜가 되자, 술람미는 집 앞에 우뚝 솟아 있는 커다란 바위에 기대어 저 멀리 평지를 바라보며 예루살렘 딸들을 기다리고 있다. 오후 늦은 시간, 흰 옷을 입고 멀리서 마차를 타고 오는 한 무리가 보인다.

술람미(독백)

'틀림없이 내가 기다리는 그분들일 거야!'

술람미는 손님을 맞기 위해 산지를 걸어 아래 평지로 내려간다. 얼마간의 거리를 두고 그들이 다가오고 있다. 그들이 가까이에 이르자 술람미는 반가이 맞이한다.

술람미

"어서 오세요, '술람미' 예요. 멀리서 여기까지 와 주셔서 감사합니다. 많이 기다렸습니다."

궁녀 1

"아가씨! 만나서 반가워요."

맏언니가 먼저 인사에 응했다.

궁녀 2

“어쩌면 그렇게 모습이 아름다워요?”

궁녀 3

“안녕하세요? 소문대로 레바논은 정말 아름답네요! 우뚝 솟은 저 높은 산과 골짜기들! 예루살렘에서는 전혀 찾아볼 수도 없는 아름다운 모습입니다.”

술람미는 궁녀들이 타고 온 마차를 산 아래 세우게 하고, 그들을 산 위에 있는 자신의 집으로 인도한다. 집 앞뜰 한가운데에는 소나무를 잘라 만든 의자들이 군데군데 놓여 있다. 솔로몬의 궁녀들은 모두 술람미의 안내로 둥근 의자에 둘러앉는다.

술람미가 손님을 맞은 것은 5월의 어느 날이었다. 해는 아직 높이 떠 있어 화사한 빛을 발하고 있었다.

궁녀 1

“저 울타리 옆에 예쁘게 자라고 있는 저 붉은 꽃은 이름이 무엇인가요?”

술람미

“네, 그건 ‘수선화’라고 합니다. 아주 아름다운 꽃이지요. 그 옆에 있는 건 ‘고벨화’고요.”

궁녀 2(지중해 쪽을 바라보면서)

“와~아, 저기를 보세요! 저 푸른 벌판을요.”

궁녀들이 그쪽으로 시선을 돌린다. 넓게 펼쳐진 푸른 바다 그리고 그 앞으로 갖가지 아름다운 꽃들이 만발해 있는 푸른 평원이 보였다.

술람미(환한 모습으로)

“저 초원은 ‘사론 평원’이라고 합니다. 거기에는 아네모네, 양귀비, 들장미, 튤립, 백합 그리고 고벨화와 수선화도 예쁘게 자라고 있습니다. 이 지방 사람들은 샤론 평원을 아주 자랑스럽게 여기고 있습니다."

궁녀 1

"아가씨도 저 꽃들을 닮아 예쁘고 아름답군요!"

술람미(수줍은 듯)

"아니에요. 햇볕에 그을려서 많이 탄 걸요. 그런데 저 수선화와 백합화는 제가 가장 좋아하는 꽃들입니다."

궁녀 2

"아가씨! 검게 탄 그 모습이 오히려 정말 아름다워요. 얼굴에선 윤기가 나고요."

술람미(궁녀들을 바라보면서)

"저 멀리 언덕과 평지 여기저기에 있는 장막(帳幕)들을 보세요!"

궁녀들(이구동성으로)

"아주 아름답네요. 검은 색깔에 빛나는 지붕을 하고 있군요."

술람미(미소를 지어 보이며)

"이 마을 사람들은 저걸 '게달(Kedar)의 장막' 이라고 부릅니다. '검은 장막' 이라는 뜻이지요. 그런데 지 모습과 내가 많이 닮지 않았나요?"

모두들 고개를 끄덕였다. 술람미와 궁녀들은 이런 저런 대화를 나누는 가운데, 은근히 서로에 대한 친밀감(親密感)을 느끼게 되었다.

술람미

"그런데 사람들은 왜 그토록 솔로몬 왕을 만나 보고 싶어 하나요?"

궁녀 1

"그건 그분이 가지고 있는 지혜(智慧) 때문입니다. 그리고 그분의 인품(人品)에서 많은 사람들이 평화스런 마음을 가지게 된답니다."

궁녀 2

"그분의 지혜와 평화스런 분위기는 그분의 사랑 안에 담겨 있어요. 아가씨도 그분을 만나면 틀림없이 지금의 모든 시름을 벗어 버리고, 새 삶을 살 수 있게 될 거예요."

궁녀 3

"우리 왕궁에도 과거에 깊은 상처를 받았던 궁녀들이 여럿 있습니다. 하지만 지금은 모두들 행복해합니다. 그리고 예루살렘 동산의 포도원에서 일하는 사람들도 많이 있어요."

이런 대화가 두 시간 정도 이어지자 술람미는 궁녀들의 말에 호감을 갖게 된다. 뭔가 가슴 속 깊이에서 정신

적으로 해방될 수 있다는 기대감이 솟아오르고 있었던 것이다.

술람미

“정말, 그렇군요! 그런 분이 계셨다니요? 여기 사는 우리는 상상도 못 했던 일입니다. 그분을 꼭 한 번 만나 보고 싶어요.”

The song of songs

제 2 부
아가서본문해설

여호와의 불꽃

제3막 술람미와 솔로몬의 만남(1)
제4막 술람미의 귀향(1)
제5막 술람미와 솔로몬의 만남(2)
제6막 술람미의 귀향(2)
제7막 레바논으로 간 예루살렘 딸들
제8막 술람미와 솔로몬의 결혼
제9막 돌아오라! 술람미야
제10막 승리의 노래

"솔로몬이 지은 최고의 노래라."(아가 1:1)

술람미(독백)

"그(솔로몬)가 내게 입 맞추도록 해주세요! 당신(솔로몬)의 사랑은 포도주보다 더 달콤하니까요."(아가 1:2)

해설 "Let him kiss me יִשָּׁקֵנִי with the kisses מִנְּשִׁיקוֹת of his mouth פִּיהוּ : for thy love דֹדֶיךָ is better טוֹבִים than wine מִיָּיִן."(아가 1:2)

이 문장은 히브리어 자체가 여성이 남성에게 하는 말임을 보여준다. 영어 번역도 마찬가지이다. 더군다나 "당신의 사랑은"에 해당하는 히브리어 '도드' דוֹד 는 여성이 남성에게 사용하는 관용적인 표현이다. 성서에 모두 38회 사용되었는데, 37회가 아가서에서 사용되었다.

"그(솔로몬)가 내게 입 맞추도록 해 주세요!" 하는 말은 진정으로 솔로몬을 만나고 싶어 하는 술람미의 간절한 소원을 나타내는 것이다. '입을 맞춘다는 것' 은 그들의 개념으로는 단순히 처음 만나 인사를 나누는 장면에 대한 표현이다. 즉 만나서 볼에 키스하는 것을 말한다.

그리고 "당신(솔로몬)의 사랑은 포도주보다 더 달콤하니까요." 하고 말하는 부분은 이미 궁녀들이 솔로몬의 사랑은 포도주보다 더 낫다는 말로 설득(說得)시켰기 때문에 자신도 그 말을 믿고 솔로몬을 직접 만난 것 같은 심정을 그렇게 토로(吐露)하고 있는 것이다.

술람미(궁녀들을 쳐다보며, 밝은 웃음으로)

"좋아요! 그러면, 당신들을 따라 예루살렘으로 올라가겠습니다. 그리고 그분을 꼭 만나 볼 겁니다."

이리하여 예루살렘의 딸들은 술람미 여인을 솔로몬 궁정으로 데리고 간다. 솔로몬 궁정으로 올라가는 길옆에는 감람(橄欖)나무와 무화과(無花果)가 즐비(櫛比)하게 늘어서 있었다. 레바논에서는 볼 수 없는 나름대로 소박한 멋이 깃들어 있는 모습(模襲)이었다. 궁중 접견실에는 솔로몬이 미리 나와 술람미를 기다리고 있었다.

제 3 막
술람미와 솔로몬의 만남(1)

배경 예루살렘

솔로몬(환한 모습으로)

"어서 와요. 술람미 여인! 참 잘 왔어요."

솔로몬을 보는 순간 술람미는 그의 풍채(風采)에 사로잡힌다. 알려진 명성(名聲) 그대로 그에게서 지혜의 성숙한 모습을 보았기 때문이다. 그래서 이렇게 고백한다.

술람미 여인

"당신의 기름짐이 향기롭고 아름답습니다. 당신의

이름은 부어 놓은 기름입니다. 그래서 아가씨들이 당신을 사랑하는군요?"(아가 1:3)

해설 술람미가 이렇게 말한 것은 '솔로몬'이라는 이름과 더불어 그분의 지혜가 말 그대로 쏟아 부어 놓은 기름 향기 같다는 의미이다. 오늘날 우리 교회의 현실 상황에서 보면, 불신자가 처음으로 교회에 나가서 성령과 지혜가 충만해 보이는 목사님(그리스도의 대변자)을 직접 보니 그분의 얼굴에서 은혜로움이 흘러 넘쳤다고 하는 것과 비슷한 경우다.

솔로몬

"그래요? 그렇게 말해 주니 고맙소."

술람미 여인

"당신을 보니 내 마음에 평안이 느껴집니다."

솔로몬(궁녀에게)

"나를 안으로 인도하시오! 우리(솔로몬과 술람미)는 뒤따라가겠소."

술람미 여인

(이렇게 해서) "왕이 나를 그의 침실(내실, חדֶר)로 데리고 갔습니다."(아가 1:4 전반)

한편 왕이 술람미 여인과 함께 궁 안으로 들어가는 모습을 지켜보던 궁녀들이 이렇게 외치며 찬양(讚揚)을 한다.

예루살렘의 딸들

"우리는 당신(솔로몬) 안에서 기쁘고 즐거워하렵니다. 우리는 포도주보다 더 나은 당신의 사랑을 기억할 것입니다. 의로운 자들(예루살렘 딸들)은 모두 항상 당신을 사랑합니다."(아가 1:4 후반)

술람미는 회랑(回廊)을 지나, 안뜰을 거쳐 솔로몬의 개인 거실로 가는 동안 웅장(雄壯)한 궁 내부를 떠받치고 있는 기둥과 그 위에 장식(裝飾)되어 있는 여러 가지 문양의 아름다움에 감탄(感歎)을 한다.

술람미 여인

"매우 아름답습니다."

솔로몬

"이 기둥들은 모두 백향목(柏香木)이오. 당신의 고향 레바논에서 자라는 그 백향목들을 가져다 만들었소."

술람미 아가씨는 그 말에 더욱 친숙함을 느끼기 시작한다. 그러면서 궁중의 한 내실로 안내되었다. 솔로몬이 거하는 궁은 앞 궁을 지나 뜰을 건너 다른 건물에 있었다.

그녀는 자줏빛 천으로 씌워진 소파에 자리를 했다. 궁녀들이 가지고 온 과일들과 음료들을 마시며 솔로몬과 대화를 시작한다.

솔로몬

"예루살렘은 당신이 살고 있는 레바논에 비하면 그렇게 화려(華麗)하거나 아름답지는 않아요. 하지만 여기 있는 백성들은 서로 돕고 열심히 일하면서 근심 걱정 없이 즐겁게 살아가고 있소."

술람미는 서서히 안도감(安堵感)을 느끼기 시작한다.

솔로몬

"가족들은 누구누구요?"

술람미 여인

"어머니와 오라버니 둘이 있습니다. 아버지는 마을의 지도자였는데, 이미 여러 해 전에 돌아가셨습니다. 큰 오라비는 포도원 농장을 하고, 작은 오라비는 양과 염소를 기르는 목동입니다."

솔로몬

"그렇소? 그런데 아가씨는 그동안 무슨 일을 하며 지내고 있었소?"

술람미 여인

"큰 오라비의 포도원 농장에서 일을 돕고 있었습니다. 그래서 햇볕에 그을려 얼굴이 많이 탔습니다."

순진한 그녀의 말을 듣고 있던 솔로몬의 얼굴에는 미소(微笑)가 흘러 난다.

솔로몬

"그래요? 비둘기같이 반짝이는 눈에 거무스레한 얼굴이 잘 어울리는구려. 참 아름답소."

그 말을 들은 술람미 아가씨는 속으로 흥분(興奮)을 감추지 못한다.

솔로몬

“앞으로 여러 날 동안 여기에 머물면서 궁녀들과 대화도 하고 예루살렘 여러 곳을 두루두루 살펴보시오! 우리 딸들(궁녀들)이 아주 친절하게 모든 걸 안내할 겁니다.”

술람미 여인은 솔로몬의 말을 들으면서 내실 앞에 드리워진 찬란한 휘장(揮帳, 커튼)을 쳐다본다.

첫 만남이라 이런 저런 많은 얘기가 오가지는 않았다. 솔로몬이 한 궁녀를 불렀다.

솔로몬

“오늘 우린 귀한 손님을 맞고 있어요. 궁실과 성전 그리고 예루살렘 성읍들을 잘 안내하시오!”

솔로몬과의 만남을 뒤로 하고 내실에서 나오는 술람미의 표정에는 희망의 빛이 묻어나 보였다. 그녀는 지금까지 자신은 주변 사람들로부터 그저 구박(驅迫)받는 존재라고만 생각했었다. 그러나 오늘은 그렇지 않다. 그녀는 이제 자신감을 가지게 된 것이다.

이는 그녀가 솔로몬으로부터 "당신은 아주 아름답고 소중한 존재요."라는 말을 들었기 때문이다. 더군다나 솔로몬은 그녀를 향한 사랑까지 표현했다. 그래서 예루살렘 딸들 앞에서도 당당(堂堂)하게, 자랑스럽게, 그리고 순박(淳朴)한 말투로 자신에 대한 얘기를 내뱉는다.

술람미 여인

"예루살렘 딸들이여! 내가 비록 검긴 하지만 게달의 장막처럼 그리고 솔로몬의 휘장들처럼 아름답습니다. 내가 검다고 해서 나를 업신여기지는 마세요. 햇볕에 그을렸을 뿐이에요. (예전에) 내 어미의 아들들(오빠들)이 내게 노하여 나를 포도원지기로 만들었습니다. 하지만 난 포도원을 성실하게 관리하지 못했죠."(아가 1:5~6)

해설 1 "내가 검다고 해서 나를 업신여기지는 마세요!" 하는 말은 예루살렘 딸들이 그녀를 실제로 업신여겼기 때문이 아니라, 해맑은 모습의 궁녀들을 보면서 자격지

심(自激之心)이 생겨 하는 말이었다. 그러면서 여기에 오기까지의 상황을 설명하는 것이다. 그녀는 자신의 얼굴이 검세 된 것은 포도원에서 일을 하느라 햇볕에 그을렸기 때문이라고 변명(辨明)한다. 그리고 포도원 일을 하게 된 것이 자신이 스스로 원해서 한 것이 아니라, 오라비들이 자신을 억지로 포도원지기를 삼았기 때문이라고 말한다.

해설 2

(1) "오라비들이 그녀에게 화를 냈다."

(2) "포도원을 성실하게 관리하지 못했다."

이것은 그녀가 여기까지 오게 된 동기를 말하고 있는 것인데, 우리는 여기서 그녀가 왜 그런 말을 했는지에 대한 직접적인 이유를 알기가 쉽지 않다. 하지만 앞으로 전개되는 이야기를 통해 술람미의 오라비들이 화를 낸 이유는 목동과의 애정행각 때문임을 짐작할 수 있게 된다.

그리고 그녀가 포도원 일에 성실하지 못했던 이유는 억지로 헤어져야 했던 연인 목동에 대한 그리움(상사병)

때문이라는 것을 알게 된다.

결국 그녀가 예루살렘까지 오게 된 동기는 상사병으로 인한 마음의 상처를 치유(治癒)받기 위한 것이었다.

이렇게 하여 술람미는 궁녀들(예루살렘의 딸들)의 도움을 받으며 궁중에서 여러 날을 보내게 되었다. 그리고 솔로몬 왕궁을 비롯하여 다윗 왕궁, 솔로몬 성전 그리고 동산 주위를 살펴보게 된다.

이틀째부터 술람미는 궁을 안내하는 책임을 맡은 궁녀들의 안내를 받아 궁 내부를 돌아보게 되었는데, 안내 책임자는 먼저 왕비들과 높은 지위의 후궁들에게 그녀를 안내했다.

왕비들이 거하는 곳과 후궁들이 거하는 곳은 다른 건물에 있었다. 난생 처음 보는 화려한 궁실 안에는 여러 개의 크고 작은 방들이 많이 있었다. 방들은 각각 은은하면서도 화려하게 꾸며져 있었다.

술람미가 처음 안내를 받아 간 곳은 솔로몬 왕의 정실 부인이 있는 곳이었다. 왕비는 솔로몬 거실 옆에 얼마간의 거리를 두고 떨어져 있었다.

안내자

“왕비는 애굽 왕 바로의 딸입니다.”(왕상 7:8)

술람미

“그렇군요?”

궁녀는 왕비의 접견실로 술람미를 인도했다. 술람미는 고개를 숙여 왕비에게 인사를 한다. 왕비는 그녀를 보고는 포옹(抱擁)을 하며 이렇게 말한다.

왕비

“아름다운 아가씨! 멀리서 오느라 수고가 많았어요. 이미 얘기를 들어 잘 알고 있어요. 듣던 그대로 참 아름답소.”

술람미

"뵙게 되어 정말 영광스럽습니다. 이렇게 환대해 주시니 뭐라고 말씀드려야 할지요?"

술람미는 왕비를 둘러싸고 있던 후궁들과도 포옹(抱擁)하며 인사를 나눴다. 인사를 마치자, 접견실 테이블에는 커다란 유리잔에 포도주처럼 보이는 음료가 제공(提供)되었다. 그 음료는 알고 보니 잘 익은 무화과를 곱게 갈아 만든 과일주스였다(무화과는 예루살렘 주위에서 많이 자라는 열매라고 안내자가 말을 해 준다.).

화사한 분위기 속에서 얘기를 나누고 있는 후궁들의 눈에 술람미의 모습은 좀 검게 보이기는 해도 초롱초롱한 눈매에 반질반질한 콧날 그리고 도톰하게 솟아난 듯한 입술이 특이해 보였다. 그리고 얼굴 양 옆으로 드리워진 땋은 머리와 종려나무처럼 훤칠하게 자라 있는 큰 키가 어우러지면서 술람미는 마치 애굽에서 들여온 검은 암말처럼 위풍이 있으면서도 사랑스러워 보이는 모습이었다. 그래서 모두들 그녀에 대한 칭찬(稱讚)을 아끼지 않았다.

술람미는 예루살렘 딸들이 자기 집을 방문한다는 소식을 들은 날로부터 열심히 음식을 먹으며 몸을 관리했기에, 그동안 근심 어린 얼굴빛은 많이 사라지고 외견상 약간의 흔적(痕迹)만 남아 있을 뿐이었다. 게다가 솔로몬을 만나는 순간부터 그녀의 얼굴은 더욱 빛나 보이기 시작한 것이다.

왕비의 접견실을 나온 술람미는 다른 궁녀 룻(Ruth)의 안내를 받아 궁 아래 터에 자리한 또 다른 궁으로 안내되었다.

궁녀(룻, Ruth)

"저~기 저 아래 궁이 보이지요?"

술람미

"네, 많은 숲들이 우거져 있네요."

궁녀(룻, Ruth)

"그 궁은 바로 솔로몬의 아버지 다윗 왕이 살았던 궁

터입니다."

안내자는 계속 말한다.

"지금 보는 궁터는 대략 15,000평입니다. 그리고 지금까지 아가씨가 본 것은 솔로몬 왕이 지은 것입니다. 다윗 왕이 지은 것보다 두 배가 큽니다. 그래서 모두 합해 45,000평입니다. 우리는 지금 다윗 성터로 내려가려고 합니다."

안내하는 궁녀 룻은 술람미를 그리로 데리고 갔다. 거기에도 많은 나무들과 아름다운 꽃들로 수놓아져 있었다. 궁녀는 어느 한 건물 앞에 이르렀다.

궁녀(룻, Ruth)
"이곳이 바로 솔로몬 왕이 태어난 곳입니다."

그 건물 앞에는 커다란 과실나무들이 울타리를 이루며 정원(庭園)을 만들어 놓았다. 그리고 뜰 한가운데에는 여러 개의 탁자들과 의자들이 놓여 있다.

술람미

"저토록 먹음직스럽고 아름다운 열매가 주렁주렁 달려 있는 이 나무들을 뭐라고 부르나요?"

궁녀(룻, Ruth)

"그건, 사과나무라고 합니다."

사과열매는 아주 아름답고 먹음직스러워 보였다.

술람미

"저 열매를 따먹고 나면 속이 후련해지고 힘이 솟아날 것 같아요. 아니 그 밑에 앉아 있기만 해도 마음이 평안해질 것도 같아요."

궁녀(룻, Ruth)

"그렇지 않아도 오늘 저녁에 그 열매를 맛보게 될 겁

니다."

술람미는 그 나무 열매를 계속 쳐다보고 있다.

궁녀(룻, Ruth)

"잠시 후에 왕께서 이리로 오실 예정입니다. 아가씨를 위해 특별만찬(特別晩餐)을 하시겠다고 하셨습니다. 아마 왕비께서도 동행하실 겁니다."

술람미

"어머! 그런가요? 나를 위해서요? 믿어지지 않아요."

30여 분이 지났다. 정말 궁녀의 말대로 왕께서 왕비와 함께 다윗 성으로 내려왔다.

왕은 술람미를 보며 싱긋이 미소를 지어 보였다. 왕비의 얼굴에도 환한 미소(微笑)가 있었다. 솔로몬은 커다란 탁자 앞에 있는 둥근 의자에 자리를 했다. 그 옆 자리는 왕비의 차지였다. 궁녀는 술람미를 왕이 마주 보는 자리로 안내했다. 그녀의 좌우에는 여러 후궁들이 자리를 함께했다.

왕은 이 자리에서 30여 분간 지혜의 아름다움과 여호와의 사랑에 대한 교훈을 했다. 교훈이 끝나자, 사과나무 열매가 예쁜 접시 위에 가지런히 진열된 채로 배달(配達)되었다. 술람미는 지금까지 사과열매를 먹어 본 일이 없었다. 그녀가 사는 마을에는 그런 열매가 없었기 때문이다.

드디어 먹음직스러워 보이는 사과가 술람미의 입술에 닿았다. 향긋한 냄새가 코를 시원케 했다. 그리고 입속으로 들어간 사과를 씹는 순간, 가슴이 '펑' 뚫리는 것 같았다. 그래서 그녀는 크게 숨을 내쉰다. 입에서는 정말 달콤하고, 가슴속은 시원하고, 머리는 갑자기 맑아지는 것 같은 느낌이었다. 지나간 일들이 그 사과 맛에 파묻혀 모두 잊어지는 시간이었다.

사과 파티가 끝나고, 그날 저녁 술람미는 솔로몬이 베푼 연회장(宴會場)으로 갔다. 연회장은 사과나무 숲에서 조금 떨어진 건물에 있었다. 연회장은 또 다른 분위기를 연출했다. 짙은 향기가 연회장 안을 감돌았다.

테이블 한가운데에는 붉은 사과들로 가득 채워진 커다란 쟁반(錚盤)이 있었다. 그냥 분위기를 위해 장식용으로 가져다 놓은 것이었다. 보기만 해도 가슴이 시원해졌다.

그날 저녁 술람미를 위해 예비한 자리에는 특별한 선물도 준비되어 있었다. 그것은 그녀의 머리 위에 드리워진 흰색 깃발(banner)이었다. 깃발 한가운데에는 '지혜와 사랑' 이라는 문구가 붉은 글씨로 새겨져 있었다. 그것은 솔로몬이 그녀에게 주는 지극한 사랑의 표현이었다. 또한 그것은 모든 어려움을 딛고 승리하라는 격려(激勵)의 메시지이기도 했다.

솔로몬은 저녁 만찬을 하기 전, 왕비와 여러 궁녀들이 있는 자리에서 샴페인을 터뜨리며 이렇게 말했다.

솔로몬

"자! 지금부터 우리의 예쁜 아가씨, 술람미 여인을 위해 축배(祝杯)합시다! 다 함께 건배!"

모든 궁녀들이 한 목소리로 "건배(乾杯)!" 하며 축배의 잔을 들었다. 그러자 그 순간 연회장 한쪽에서는 현악기(絃樂器) 연주와 더불어 성가대의 찬양이 시작되었다.

황무지가 장미꽃같이(242장, 현악기 연주에 맞춰)

1. 황무지가 장미꽃같이 피는 것을 볼 때에
   구속함의 노래 부르며 거룩한 길 다니리.
2. 하나님의 아름다움과 그의 영광 볼 때에
   모든 괴롬 잊어버리고 거룩한 길 다니리.
3. 거기 죄인 전혀 없으니 거룩한 자 뿐이라.
   주가 주신 면류관 쓰고 거룩한 길 다니리.

후렴 : 거기 거룩한 길 있네.
검은 구름 없으니
낮과 같이 맑고 밝은 거룩한 길 다니리.

찬양의 첫 번째 절은 합창으로, 두 번째 절은 독창으로 그리고 마지막 절은 현악 연주에 은은한 소리를 내는 나팔 연주가 함께했다.

술람미는 처음 들어보는 찬양이었지만, 뭔가 심금(心琴)을 울려 주는 가락에 그만 눈물을 글썽이기 시작한다.

'누가 이렇게 찬양을 해 줄 수 있단 말인가? 누가 내 심령의 상처를 치유(治癒)해 줄 수 있단 말인가?'

성가대의 합창은 억눌린 삶을 살고 있던 그녀의 가슴에 큰 위안(慰安)이 되었다. 합창이 다 끝날 무렵에는 궁녀가 가져다준 손수건이 흠뻑 젖을 정도였다. 그녀의 흐느끼는 소리에 궁녀들도 모두 함께 울었다. 솔로몬과 왕비도 예외는 아니었다.

모두의 울음소리가 스러져 갈 무렵, 왕실 관리 총 책임을 맡은 궁녀 다말(Tamar)이 자리에서 일어났다. 그리고 솔로몬을 바라보며 말문을 열었다.

궁녀(다말)

"오늘은 우리에게 정말 기쁜 날입니다. 우리의 어여쁘고 어여쁜 아가씨, 술람미를 맞이하고 있기 때문입니다. 이것은 모두 우리의 왕이신 당신의 은총입니다. 우리는 지금까지 그랬듯이 당신으로 인해 항상 즐거워할 것입니다. 당신의 사랑은 지금 이 앞에 번득거리고 있는 포도주보다도 더 아름답습니다. 우리는 언제나 당신을 사랑할 것입니다."

궁녀들(예루살렘의 딸들, 음성을 높이며)

"그렇습니다. 우리들 모두는 앞으로도 당신을 사랑하렵니다."

솔로몬(자리에서 일어서며)

"그렇소이다. 오늘은 여러분과 나에게 아주 기쁘고 즐거운 날입니다. 이렇게 아리따운 아가씨를 보게 되었으니까요. 앞으로 우리의 아가씨가 예루살렘 생활에 적응을 잘할 수 있도록 적극 협력해 주기를 바라오. 이제부터는 우리 앞에 차려진 건포도 빵으로 즐거운 시간을 만듭시다."

건포도빵(아쉬샤, אֲשִׁישָׁה)은 특별한 의미가 있는 것이었다. 그것은 자기 백성에 대한 하나님의 인내의 사랑이 깃들어 있기 때문이다. 술람미는 특별히 만들어진 빵을 맛보면서 몸에 힘이 솟는 것을 알았다. 누군가가 그 힘을 보태 주는 것 같았다.

독자 여러분들은 환영만찬에서의 포도주와 건포도 빵을 그리스도의 피와 살이라고 상상을 하며 음미해 보기 바란다.

술람미를 환영하는 잔치도 그 시간을 다해 가고, 그녀는 자기를 위해 마련된 침실로 향했다. 그날 밤 내내 술람미는 자신을 위해 환영 만찬을 베풀어 준 솔로몬과 궁녀들을 머리에 그리느라 잠자는 걸 거의 잊어버렸다.

그날 이후, 그녀는 궁에 머무는 동안 솔로몬 성전도 둘러보고, 그 안에서 예배드리는 의식에도 참여했다. 솔로몬 성전 방문은 그녀가 궁에 들어온 지 삼 일째 되는 날에 이루어졌다. 성전 안내는 또 다른 궁녀 '라합(Rahab)'이 맡았다. 궁에서 며칠간 내려다보았던 성전은 실제로 내부에 들어가 보니 멀리서 보던 것과는 사뭇 달랐다. 상상을 초월할 정도로 아름답고 장엄(莊嚴)한 모습이었다. 온갖 황금에 각양 문양(紋樣)이 성전 입구의 기둥으로부터 시작하여 내실까지 아름답게 새겨져 있었는데, 모두 그녀의 눈을 의심케 하는 것들이었다.

궁녀(라합)

"이 성전은 왕께서 즉위하신 지 4년째에 짓기 시작을 해서 7년 만에 완성되었습니다. 그 후에 왕궁을 지었지요. 왕궁을 짓는 데는 13년이 걸렸습니다. 성전과 왕궁이 완성되기까지 모두 20년이 걸렸지요."(왕상 6:37~38, 7:1)

술람미(놀라는 표정으로)

"정말 대단한 건물이에요. 뭐라고 표현할 수가 없어요."

궁녀(라합)

"우리 히브리 민족은 한때, 애굽의 왕 바로 밑에서 400년 동안이나 노예생활을 한 적이 있었어요. 그러다가 모세라는 사람이 우리 선조들을 해방시켰습니다. 우리 민족이 해방된 지 480년 되던 해에 왕께서 이 성전을

짓기 시작하셨습니다."(왕상 6:1)

술람미(의아한 듯)

"당신들의 선조들이 노예(奴隷)생활을 했었다고요?"

궁녀(라합)

"그렇습니다."

그러면서 궁녀 라합(Rahab)은 히브리 민족의 신 '여호와' 와 '그분의 사랑' 에 대해 술람미에게 자세한 설명을 해 줬다.

궁녀(라합)

"이 성전이 세워진 곳은 우리의 옛 조상 아브라함이 그의 외아들인 이삭을 제물로 바치려 했던 바로 그 자리입니다(대하 3:1). 지금부터 천년 전에 살았던 우리의 조상 아브라함은 당대에 진정으로 여호와를 사랑했던 믿음의 조상이랍니다. 우리는 그분을 매우 존경(尊敬)하고 또 그 길을 따르려고 노력하고 있습니다."

술람미

"우리가 사는 레바논 일대에는 바알(Baal)이라는 신을 많이 섬기고 있습니다. 하지만 우리 집안은 아무것도 섬기고 있지 않습니다."

술람미는 그날 성전 안내를 받으면서 번제단에서 태워지는 짐승들을 보았고, 백성들의 죄를 속하기 위해 찬란한 옷을 입고 성소로 들어가는 대제사장 사독(Zadok)을 보았다. 그날 이후 술람미는 여러 차례 예배에 참석을 했다.

그리고 예루살렘에 와서 생활을 한 지 한 달이 되던 날, 그녀는 한 궁녀의 안내를 받아 왕궁관리 총책임자인 다말(Tamar)에게 인도되었다. 그 수석궁녀와 상담을 하는 날이기 때문이었다.

궁녀(다말)

"아가씨가 이 궁에 온 지 벌써 한 달이 지났습니다. 그동안 생활에 불편은 없었나요?"

술람미

"네, 아주 즐거웠습니다. 모두들 친절(親切)했습니다. 지금도 그렇습니다. 그런데 웬일인지 3주째부터는 내 고향에 대한 그리움이 서서히 되살아나고 있습니다. 고향에 계신 어머님과 오라비들이 보고 싶습니다. 그리고 친구들도……."

궁녀(다말, 다소곳하게)

"그럼요, 그럴 수 있지요. 우리가 강제(强制)로 이곳에 머물러 있으라고 할 수는 없어요. 여기서 고향으로 돌아가는 것은 아가씨 마음대로입니다. 그리고 나중에라도 언제든 다시 올 수 있습니다."

술람미는 결국 고향으로 돌아가기로 마음을 먹는다.

술람미

"고향으로 돌아가 인사만 올리고 다시 오겠습니다."

술람미는 여러 궁녀들에게 인사를 하고는 보따리를 챙겨 고향집 레바논으로 발걸음을 옮겼다.

제4막
술람미의 귀향(1)

배경 레바논

술람미를 먼저 반겨 준 것은 그녀의 오라비들이었다. 함께 있을 때는 누이가 그저 '미운 오리 새끼' 같았으나 막상 얼굴을 멀리하고 보니, 그 미움이 그리움으로 변한 것이다.

사랑하는 외동딸이 돌아왔다는 소식(消息)에 쇠약(衰弱)한 몸으로 몸져누워 있던 어머니가 기운을 차렸다. 그리고는 외동딸의 손목을 꼭 잡았다.

어머니

"얘야! 말도 없이 집을 나가서는 그렇게나 오랫동안 이 어미를 버렸단 말이냐? 너를 보지도 못하고 네 아비에게로 가는 줄 알았다."

술람미가 집을 나간 것은 40일 간의 외출이었다. 술람미 어미의 눈가에는 어느 새 회한(悔恨)의 눈물이 흐르고 있다.

큰 오라비

"어머니, 힘내세요! 이제라도 술람미가 돌아왔으니 다행입니다."

작은 오라비

"어머니, 기뻐하세요! 누이동생의 모습을 보니 예전보다 많이 건강해 보이고 아름답습니다."

술람미

"엄마, 나도 그동안 집안 식구들이 많이 걱정되었어

요. 그리고 보고 싶었습니다."

어머니

"그래, 예루살렘이 어떤 곳이더냐?"

술람미

"네, 그곳에서의 생활은 행복했어요. 많은 사람들이 나의 벗이 되어 주었고, 또 그분이 나를 특별히 사랑해 주셨어요. 그래서 제 모습이 이렇게 건강하고 즐거워 보이잖아요. 왕의 궁전은 웅장했고, 더군다나 그들이 섬기는 신 여호와의 성전은 눈이 부실 정도로 아름다웠어요."

어머니

"그래, 너의 행복한 모습을 보니 어미로서 기쁘구나. 집을 나가기 전에는 무척이나 야위고 기운이 없어 보였는데."

큰 오라비

"술람미 얼굴도 많이 밝아졌어요. 예루살렘이 어떤 곳이기에 누이가 그렇게 변했는지 우리 가족 모두 함께 가봤으면 좋겠습니다."

술람미

"오, 나의 오라비니! 참 좋은 생각이야."

이렇게 말은 했지만, 술람미는 가족들에게 선뜻 "함께 예루살렘으로 올라가자."라는 말을 할 수는 없었다. 목동(牧童)에 대한 그리움 때문이었다. 이렇게 가족들과 만남으로써 술람미의 고향 생활은 다시 시작되었다. 이제는 건강도 많이 회복되었고, 매사에 자신감이 생겨 일하는 데는 별 지장(支障)이 없었다. 그러나 예전처럼 오라비들을 도와 양을 치거나 포도원 농사를 돕는 일은 하지 않았다. 대신 쇠약해진 어머니를 위해 집안일을 도맡아 했다.

그녀의 집 부엌에선 아침저녁으로 칼자루가 장단에

맞춰 춤을 춘다. 술람미가 흥이 나서 요리를 하면서 두드리는 칼춤이었다. 요리를 담아 놓은 접시는 예전보다 더욱 반짝거린다. 식탁도 깔끔해졌다.

오라비들의 입에서는 누이동생의 요리솜씨에 대한 칭찬이 연일 끊이지 않는다. 아들들과 딸이 의좋게 살아가는 모습을 바라보는 어미의 눈에는 기쁨의 눈물이 흐르고, 잃었던 건강이 되돌아와 바깥나들이도 할 수 있게 되었다.

그러던 어느 날 저녁이 되어 갈 무렵, 술람미는 물동이를 이고 우물가를 찾았다. 그녀가 물을 가득 채우고 앉아 쉬고 있을 때, 건너 마을에 사는 친한 친구 슬로핫도 물동이를 이고 왔다.

슬로핫

"술람미 아니야!"

술람미

"그래, 슬로핫! 다시 만나 반갑다."

둘은 누가 먼저랄 것도 없이 물동이를 내려놓고는 서로 얼싸안았다.

슬로핫

"계집애! 어쩌면 간다는 말도 없이 떠나갔니?"

미안한 듯, 술람미는 잠시 수줍하더니 나지막한 목소리로 말을 한다.

술람미

"미안해, 친구야! 그렇게 할 수밖에 없었어. 그동안 네가 많이 보고 싶었어."

슬로핫(낭랑한 목소리로)

"나라고 안 그랬겠니? 네가 예루살렘으로 갔다는 걸 일주일이 지나서야 알게 됐다."

술람미

"그래?"

슬로핫

"수아가 그러는데, 네가 어떤 마차에 타고 여러 여인들과 함께 남쪽 길을 따라 가는 걸 봤다는 거야. 그래서 내가 수아에게 물었지. '그분들이 어떤 차림이었니?' 하고. 그래서 난 네가 틀림없이 예루살렘으로 갔을 것이라 상상을 했었지."

술람미

"그래, 아무튼 다시 만나서 반가워."

술람미와 슬로핫은 이렇게 우물가에서 다시 만나 예전의 우정으로 되돌아갔다.

술람미가 고향으로 돌아온 후, 두 달이 지났다. 그동안은 사랑의 상처를 잊고 살아갈 수 있었지만, 세월이 지나면서, 오빠들로 인해 헤어져야만 했던 그의 연인 목동을 또다시 그리워하기 시작한다. 날이 갈수록 그 그리움이 강물이 되어 넘쳐흘렀다. 도저히 이대로 앉아 공상만 을 할 수는 없는 노릇이었다. 그래서 예전에 그 목동이 양을 치던 언덕으로 달려가 보았다. 얼굴을 베일로 가린 채, 여기저기 찾아보았다. 마침내 양들이 많이 몰려 있는 곳이 눈에 보였다.

술람미(독백)

'틀림없이 저기 있을 거야!'

술람미의 가슴은 두근거리기 시작한다. 때는 점심이 막 지난 시간인지라 양치기들은 양들을 쉬게 하고 텐트에서 낮잠을 즐기고 있었다.

술람미는 텐트로 몰래 다가가 틈 사이로 들여다보았다. 그러나 낮잠을 자고 있던 그 목동은 '자기 목동' 이 아니었다. 다른 텐트로 가 보았다. 거기에도 '자기 목동' 은 없었다. 나머지 텐트들도 차례로 살펴보았다. 하지만 역시 그녀의 연인은 보이지 않았다. 술람미와 마찬가지로 그 목동 또한 술람미와 헤어진 후 마음의 상처가 컸다. 그래서 함께 양을 치던 친구들을 떠나 다른 곳으로 가버렸던 것이다.

허탈감에 집으로 돌아온 술람미의 가슴에는 목동에 대한 궁금증과 그리움이 점점 더해 간다. 그래서 마음속으로 애간장을 녹이며 이렇게 호소(呼訴)한다.

술람미(독백)

"내 영혼이 사랑하는 그대여! 어디서 양 떼를 먹이고 있는지, 그리고 한낮에는 어디서 양 떼를 쉬게 하시는지 말해 주세요! 내가 왜 베일로 얼굴을 가린 채, 당신 아닌 당신 친구들의 양 떼들 사이에서 당신을 찾아 헤매야 한단 말입니까?"(아가 1:7)

그날 밤, 술람미는 꿈을 꾸게 된다.

예루살렘의 딸들

"아름다운 여인 중의 여인(술람미 여인)아! 그대의 사랑을 찾으려면, 양 떼가 걷는 길들을 따라가 보세

요! 그리고 목동들의 천막들 곁에 그대의 어린 염소들을 놓아기르세요."(아가 1:8)

해설 예루살렘 딸들이 술람미 여인에게 "어린 염소들을 놓아기르세요."라고 한 것은 그녀가 목동을 애타게 찾고 있었기 때문에, 그에 대한 편의적(便宜的)인 대답을 한 것에 지나지 않는다. 목자들 옆에서 염소를 기르다 보면, 언젠가는 목동이었던 그녀의 연인을 만날 수 있을 것이라는 조언이었다. 하지만 목자들(남성들) 사이에서 여인 혼자 양이나 염소를 기를 수는 없는 노릇이다.

술람미

"여인의 몸으로 어찌 남성들 사이에서 염소를 기르라고 하시는 건가요?"

예루살렘의 딸들

"그렇다고 달리 무슨 뾰족한 수라도 있나요?"

술람미

"물론 지금으로선 아무 대책(對策)이 없어요. 그냥 이대로 아픈 가슴을 움켜쥐고 살아갈 수밖에는 없는 일이죠."

예루살렘의 딸들

"아름다운 여인이여! 그렇다면 솔로몬을 다시 만나고 싶은 마음은 없나요?"

술람미

"그럴 마음이 없는 건 아니지만, 난 지금 내 님을 찾는 일이 우선이에요."

예루살렘의 딸들

"우린 아가씨 마음을 충분히 이해합니다. 하지만 당신의 사랑을 찾는 일은 후에 좋은 방법이 생각났을 때, 그때 해도 늦지 않아요. 우리들 말만 믿고 예루살렘으로 갑시다! 우리가 가지고 온 수레를 타고 함께 갑시다. 그리고 원한다면, 다시 여기까지 모셔다 드리지요."

꿈에서 깨어난 술람미의 얼굴에는 식은땀이 '송글송글' 맺혀 있었다. 그녀는 여러 날이나 그날 밤의 꿈을 되새긴다.

제 5 막
술람미와 솔로몬의 만남(2)

배경 예루살렘

한편 예루살렘에서는 인사만 하고 오겠다던 술람미 여인이 돌아오지 않아 걱정하고 있는 터였다. 마침내는 궁녀들의 회의가 열리게 되었다. 왕궁을 총괄하는 비서실장인 수석궁녀 '다말(Tarmar)'이 주재하는 회의였다.

궁녀(다말)

"오늘 회의는 석 달 전에 우리 궁을 방문했던 레바논의 아가씨에 대한 문제를 의논하기 위한 자리입니다. 그녀의 말대로라면 늦어도 한 달 전에는 돌아왔어야 하는

데, 아직 아무런 소식이 없어요. 애석(哀惜)한 일입니다."

술람미에게 성전을 안내했던 궁녀 '라합(Rahab)' 이 말을 한다.

궁녀(라합)

"그렇습니다. 제가 그 아가씨에게 성전(聖殿)을 안내하는 동안, 그녀는 성전을 보면서 많은 감탄을 했습니다. 그리고 그녀는 또 우리의 신 '여호와' 에 대한 믿음도 많이 배웠습니다. 그래서 틀림없이 그녀가 우리의 궁에서 열심히 잘 살아갈 것이라고 믿었는데, 제가 그녀를 교육하는 일이 좀 서툴렀던 모양입니다. 면목이 없습니다."

다윗 궁을 안내했던 궁녀 '룻' 이 나선다.

궁녀(룻)

"술람미 여인은 우리의 왕이신 솔로몬이 태어난 다윗 궁 앞에서도 많이 감격스러워했습니다. 그리고 사과나무 아래서는 너무 기뻐 '덩실덩실' 춤까지 추었습니다. 그런 그가 아직 아무런 소식이 없다니 참 안타깝습니다."

다른 여러 궁녀들도 한 마디씩 거들었다. 궁녀들의 말을 다 듣고 난 수석궁녀는 이렇게 결론을 내렸다.

궁녀(다말)

"우리가 더 이상 앉아서 기다릴 수는 없어요. 그동안 술람미 아가씨와 제일 가깝게 지냈던 '라합'이 책임을 지고 그녀를 찾아가 보도록 하세요. 궁녀 둘을 당신과 함께 보낼 테니까요. 어떻게든 그녀를 설득(說得)해서 다시 궁으로 데려오도록 힘써 보세요!"

궁녀(라합)

"알겠습니다. 꼭 이리로 다시 데려오겠습니다."

라합의 얼굴은 생기가 돌듯 상기된 표정이었다. 수석

궁녀 다말은 회의가 끝나는 즉시 회의 결과를 솔로몬 왕에게 보고했다. 솔로몬은 격려(激勵)를 아끼지 않았다.

솔로몬

“그렇소? 참 잘한 일이오. 어떻게든 그녀가 다시 돌아오도록 최선(最善)을 다하시오! 그녀가 다시 돌아온다면, 레바논 일대에서 많은 사람들이 이리로 돌아올 수도 있어요. 술람미 아가씨의 부친은 살아생전 그 마을 방백이었소. 지금까지 당신은 맡겨진 일을 매우 능숙(能熟)하게 잘 처리(處理)해 왔소. 이번에도 좋은 결과를 기대하고 싶소.”

이튿날, 라합은 마차를 몰아 레바논(Lebanon)으로 향했다. 네 명의 호위병(護衛兵)이 궁녀들과 함께했다.

배경 레바논

술람미가 꿈을 꾸고 나서 열흘이 지났다. 꿈에서 본

대로 궁녀들이 그녀의 집을 찾은 것이다. 이번에는 술람미 가족들이 모두 함께하는 자리였다.

술람미가 먼저 궁녀들에게 인사를 건넸다.

술람미

"감사합니다. 이렇게 찾아 주셔서요. 이 분이 바로 저의 어머니십니다."

궁녀(라합)

"안녕하세요? 아직 젊어 보이시고 미인이십니다."

어머니(반가워하며)

"정말 감사드립니다. 이렇게 직접 뵙게 되니 감개무량(感慨無量)합니다."

오라비들

"저희들도 감사를 드립니다."

궁녀 일행은 넓은 툇마루로 안내되었고, 술람미는 향차를 준비했다. 붉은 빛이 도는 이 차(茶)는 레바논 특산물로 애굽에 수출까지 하고 있었다. 입에서는 약간 새콤하지만 속에서는 아주 시원함을 느끼게 해 주는 기호식품이다.

이들이 서로 얘기를 나누는 동안, 술람미의 작은 오라비는 급히 달려가 양 한 마리를 잡아 요리를 했다. 음식을 함께 나누는 이들의 입가에는 즐거운 표정이 가득했다.

두세 시간의 대화가 오간 후, 궁녀가 이렇게 말한다.

궁녀(라합)

"이번에 아가씨가 예루살렘으로 올라가면, 솔로몬 왕 그분의 지혜와 사랑에 대해 예전보다 더 많은 걸 알게 될 것입니다."

다른 궁녀가 말을 한다.

"그렇습니다. 나중에는 여기 계신 가족들도 함께 모실

수 있을 것입니다."

계속되는 설득에 술람미도 다시 마음이 열렸고, 그 어미와 오라비들도 적극 술람미를 권고하는 눈치였다. 술람미가 마침내 결단(決斷)을 내린다. 그리고는 가족들과 작별의 인사를 나누고 궁녀들의 마차에 오른다.

술람미

"어머니, 염려(念慮) 마세요. 오라버니들, 열심히 어머니를 도와 드려요!"

큰 오라비

"그래 누이야, 우린 너를 믿는다."

작은 오라비

"술람미야! 이제야 내가 네 맘을 알겠다. 모든 일이 잘 되기를 바란다."

어머니

"사랑하는 내 딸아! 부디 모든 일에 그 하나님, 여호와가 함께하시기를 바란다."

궁녀들은 술람미를 마차에 태운 후 방향을 돌려 예루살렘으로 달려갔다. 이들이 떠나가는 모습을 그 어머니와 오라비들이 계속 물끄러미 쳐다보고 있었다. 사랑하는 막내가 새 사람이 되어 오기를 바라면서…….

배경 예루살렘

술람미 여인이 돌아오기를 기다리고 있던 솔로몬은 그녀가 궁정 입구에 들어서자, 지난번에 만났을 때의 감회가 되살아온다. 그러면서 기쁨으로 그녀에 대한 애정을 표시한다.

솔로몬

"내 사랑, 나의 여인이여! 그대는 파라오(이집트 왕)의 병거를 끌고 가는 암말 같구려! 그대의 볼은 드리

워진 머리채로, 그대의 목덜미는 구슬꿰미로 아름답소"(아가 1:9~10)

해설 '파라오의 병거(兵車)를 끌고 가는 암말'은 곧 솔로몬 자신이 그녀(암말)에게 마음을 빼앗겨 끌려가고 있다는 것을 우회적(迂廻的)으로 표현한 말이다. 그리고 술람미 목에 걸린 목걸이와 머리카락을 곱게 땋아 관자놀이 위로 늘어뜨린 그 모습에서 은근한 아름다움을 느꼈다.

솔로몬이 술람미 여인의 목에 걸린 목걸이를 얘기하자, 궁녀들도 술람미 아가씨에게 소망을 주는 말로 격려(激勵)를 한다.

예루살렘의 딸들

"우리가 아름다운 그대에게 은을 박은 금목걸이를 만들어 드리겠습니다."(아가 1:11)

해설 이 말은 술람미의 목걸이도 아름답지만, 그보다 더 좋은 금목걸이를 만들어 선물을 하겠다는 말이다.

술람미는 또다시 왕의 궁정 안으로 안내되었다. 그녀는 두 번째로 방문하는 자리라서 그리 부담(負擔)을 느끼지는 않는다. 다시 자리를 옮겨 솔로몬과 차를 마시며 대화를 시작했다. 술람미는 궁실의 안락한 분위기에 평온함을 느끼게 되었고, 많은 배려(配慮)를 해 주는 솔로몬에게 마음을 빼앗기기 시작한다. 마침내는 마음속으로 혼잣말을 하기에 이른다.

술람미 여인(독백)

"왕은 둥그런 의자에 앉아 있는데, 내게서 나드(nard) 향기가 계속 뿜어져 나오고 있구나. 나의 사랑하는 자는 내 가슴에 품고 있는 몰약향 주머니 같아! 밤새 그와 함께 누워 그를 내 가슴(유방) 사이에 있게 하고 싶어라!"(아가 1:12~13)

해설 솔로몬은 그녀의 마음을 이미 깊이 헤아리고 있었다. 그리고 그 자신 또한 사랑스런 그녀를 품에 안고 싶어 한다. 그날 밤 솔로몬과 술람미 여인은 마음껏 사랑을 한다. 그런 와중에 솔로몬은 그녀의 아름다운 모습을 보며, 사랑의 느낌을 시적인 감흥으로 표현한다.

이 장면을 남녀(솔로몬과 술람미)의 실제적인 성관계를 묘사하는 것으로 생각해서는 안 된다. 이는 여호와가 자기 백성을 그토록 사랑한다는 것을 인간의 애정행위를 통해 나타내는 것일 뿐이다.

술람미 여인

"내 사랑 당신은 엔게디 포도원에서 가져온 고벨화 꽃송이 같아요."(아가 1:14)

해설 엔게디(Engedi)는 '새끼 염소의 샘'이다. 엔게디는 사해 서쪽 중앙 유다 광야이다(수 15:62). 다윗이 한때 사울을 피하여 이곳 동굴에 숨었으며, 이곳에서 그는 사울을 죽일 수 있었는데도 살려 주었다(삼상 23:29,

24:1~2).

솔로몬

"내 사랑, 나의 여인이여! 그대는 정말 아름답고, 아름답구려! 그대 두 눈은 비둘기 같소!"(아가 1:15)

술람미 여인

"아~, 나의 사랑! 당신은 진정 멋스러워요. 우리의 침실은 푸른 잔디예요. 우리 집 들보는 백향목이고요, 우리 집 서까래는 전나무예요."(아가 1:16~17)

해설 술람미 여인은 지금 솔로몬과 몸과 마음이 하나가 되어 있다. 왕궁이 마치 자기의 집처럼 아늑하고 포근하게 느껴지는 것이다. 그래서 '우리의 침실', '우리 집'이라고 말하고 있다. 술람미 아가씨는 이어 자신의 모습을 솔로몬에게 자랑스럽게 고백한다.

술람미 여인

"나는 샤론의 수선화요, 골짜기의 백합화입니다."

(아 2:1)

해설 샤론(평야)은 팔레스틴의 해안 평야에서 가장 비옥(肥沃)한 곳이다. 자신이 자라나 지금까지 살고 있는 자연환경을 말해 주고 있다. 술람미가 자라난 곳 레바논 근처에는 수선화, 백합화, 양귀비, 히야신스, 튤립 등이 봄의 향연(饗宴)을 이룬다. 샤론 평원에 피어나는 꽃들 중에서도 수선화와 백합화는 그녀가 보기에는 가장 아름답고 예쁜 꽃이었다. 그래서 수선화(하바첼레트, חֲבַצֶּלֶת)와 백합화(슈산, שׁוּשַׁן)를 자신에게 견주어 말하고 있는 것이다. 그만큼 자신의 외모에 강한 자부심을 갖고 있는 것으로 볼 수 있다.

수선화는 모양새가 장미(薔薇)를 닮았다. 그래서 영어성경에서는 '장미' 라고 번역하여 사용한다. 그리고 "The rose of Sharon" 하면 이는 곧 무궁화(無窮花)를 뜻하기도 한다. 솔로몬 성전의 낭실 기둥의 머리와 성전 마당에 있던 놋바다(대야) 둘레에는 백합화 문양(紋樣)이 새겨져 있다.

솔로몬은 술람미를 다시 바라본다. 그리고 한없는 아름다움을 느낀다.

솔로몬
"가시덤불 가운데 한 송이 백합처럼, 그대는 딸들 중에 백합이오."(아가 2:2)

해설 가시덤불에 비하면, 백합화는 꽃 중의 꽃이다. 자신의 품속에 있는 술람미 아가씨는 솔로몬에게 예루살렘 궁중의 딸들보다 훨씬 아름답고 소중한 존재로 보였다.

술람미도 자신을 가슴 속에 포옹(抱擁)해 주고 있는 솔로몬의 그 멋스러움과 사랑스러움을 맘껏 표출하고 있다.

술람미 여인

"아들들 중에 나의 사랑하는 자는 수풀 속의 한 그루 사과나무예요."(아가 2:3)

이렇듯 술람미 여인과 솔로몬은 서로에 대한 아름다움과 사랑스런 모습을 진심 어린 심정으로 자연스럽게 토로(吐露)하고 있다.

그리고 술람미 여인은 솔로몬과 사랑을 하면서 무언 중에 그 분위기를 누군가에게 혼잣말로 전해 주고 싶어 한다. 그녀가 지금 말하고 싶어 하는 것은 무엇일까?

술람미 여인(독백)

"난 그 님의 그늘에 앉아 즐기고 있었어요. 그 님의 열매는 내 입에 달콤했습니다. 그가 나를 그 연회장으로 데리고 갔었어요. 내 위에 펄럭이는 깃발은 나를 향한 그 님의 사랑이었어요."(아가 2:3~4)

해설 이 구절은 지금 현재 진행 중인 일을 말하는 것이 아니다. 지난번 처음 방문 때에 있었던 일을 회상하는 것이다. 그래서 과거시제로 기록을 했다. 그때 술람미는 궁녀 룻(Ruth)의 안내로 다윗 궁을 찾은 적이 있다. 그녀는 다윗 궁 안에 있는 한 건물 앞에 이르렀다. 솔로몬이 태어난 곳이었다. 그 건물 앞에는 짙은 향을 풍기는 나무들이 자라고 있었다. 사과나무였다. 그리고 그녀는 그 아래서 즐거운 시간을 보냈었다. 그녀에게 사과는 정말 보암직하고, 먹음직스러운 달콤한 맛을 내는 아름다운 열매였다. 술람미는 그것을 입에 넣었을 때 그 향과 시원한 맛으로 인해 기운을 차렸었다.

바로 지금 이 순간, 솔로몬은 그녀에게 그 사과와 같이 시원하고도 달콤한 맛의 그 무엇이다. 그래서 술람미는 여기서 사과를 그 님(솔로몬)의 열매로 비유(譬喩)하고 있는 것이다. 또한 솔로몬이 술람미를 위해 마련했던 저녁 환영 만찬장(연회장)에서는 건포도 빵이 제공된 일이 있었다. 건포도 빵 또한 술람미의 몸에 기운을 보태 주는 양식(糧食)이었다. 술람미는 지금 그때의 일을 여기서 회상하고 있는 것이다.

그 다음 구절은 다시 현재 진행 중인 시제로 되돌아온다. 이것 역시 술람미의 독백이다.

술람미 여인(독백)

"나는 사랑 때문에 병이 나 있습니다. 건포도 빵으로 기운을 북돋워 주세요. 그리고 사과로 새 힘을 주세요! 솔로몬, 그가 지금 왼팔 위에 나를 눕혀 놓고, 오른팔로는 나를 안아 주고 있어요!"(아가 2:5~6)

해설 1 술람미는 목동과의 사랑으로 인해 괴로워하는 상사병을 치유(治癒) 받지 못하고 있다. 그 상처로 인해 아직 마음이 병들어 있다. 그녀는 만약 자신이 매일 사과와 건포도 빵을 먹을 수만 있다면, 자신의 상사병은 치유될 수 있을 것 같다는 생각을 한다. 지난번 방문 때의 경험으로 그 효험을 알고 있기 때문이다.

해설 2 "기운을 북돋워"의 히브리어 '사마크, סָמַךְ'는 '기대다, 의지하다(lean), 놓다(lay), 쉬다(rest), 지탱하다

(support)' 의 의미이다. '사마크' 의 가장 잘 알려진 용법은 손을 얹는 것, 즉 안수를 뜻하는 데 사용되었다.

"새 힘을 주세요."의 히브리어 '라파드, רָפַד' 는 '펴다, 펼치다, 늘어놓다, 떨어뜨리다' 를 의미한다. 따라서 이들을 잘 음미(吟味)해 보면, 지금 술람미가 어떤 심정을 가지고 말하고 있는지를 가늠할 수가 있다.

술람미 여인

"예루살렘 딸들이여! 내가 노루와 들사슴(암사슴)으로 당신들에게 부탁합니다. 제발 내 사랑(솔로몬)이 원할 때까지 나를 깨우지 마세요. 제발요."(아가 2:7)

해설 지금 술람미는 예루살렘 딸들에게 이렇게 하소연하고 있다. 이것은 솔로몬의 품에서 그녀 자신이 얼마나 행복해하고 있는지를 단적으로 말해 주는 것이다. 어린아이의 심정으로 말한다면, 그녀는 신이 나서 응석을 부리고 있는 것이다.

노루 צְבִי 의 히브리어 '체비'는 '빛나다'라는 말인 '차바 צָבָה'에서 유래되었다. 따라서 노루는 '아름다움, 영광, 빛남'의 상징이다. 노루는 원래 가젤(Gazelle) 영양으로 빠르고 우아함의 상징이다. 그리고 사슴으로 번역된 히브리어 '아이얄라 אַיָּלָה'는 수사슴 '아얄'의 여성형이다. 즉 암사슴을 말하는 것이다. 따라서 '노루와 들사슴으로' 하는 표현은 이 상황에선 각기 '솔로몬(남성)과 술람미(여성)'를 나타내는 말이다.

밤의 장막(帳幕) 속에 드리워졌던 행복한 시간들은 어느덧 새벽별들이 일깨우는 아침의 장막(帳幕)으로 바뀌어 간다. 아쉽지만, 시간은 시간으로 그저 흘러갈 뿐이다. 앞에서 막을 수 없고, 뒤에서 잡을 수 없다.

술람미가 사랑의 잠에서 깨어나자 또 다른 사랑이 그녀를 찾아든다. 옛 연인 목동이 가슴속으로 스며들어 오고 있는 것이다. 상상(또는 회상)으로 다가오는 순간(瞬間)이지만, 목동의 사랑은 또 다른 솔로몬의 사랑처럼 밀려오고 있다. 지평선에 떠오르는 태양 속에 감추어진 채,

또 다른 사랑이 서서히 그녀 가슴속으로 떠오르고 있는 것이다.

그 사랑은 현재 술람미에겐 치유(治癒)해야 할 병이다. 그것도 무서운 상사병(相思病)이다. 인간적으로 말한다면, 목동을 버리고 솔로몬에게로 간다는 것은 목동에 대한 술람미의 배신(背信) 행위일 수 있다. 그래서 미안한 생각이 잠재적(潛在的)으로 그녀의 의식 속에 자리하고 있는 것이다. 목동이 술람미에게 다가오는 모습(模襲)을 그녀는 이렇게 상상(想像)으로 그려 보고 있다.

술람미(독백, 상상 또는 회상)

'나의 사랑하는 자(목동)의 목소리가 들립니다. 보세요. 그가 산 위에서 펄쩍 뛰고, 언덕을 빨리 넘어 내게로 오네요. 그가 뛰어오는 모습이 노루와도 같고 어린 수사슴과도 같아요. 그가 우리 벽 뒤에 서서 격자 달린 창문을 통해 (솔로몬과 내가 함께 있는 모습을) 엿보고 있어요.' (아가 2:8~9)

해설 얼마나 마음이 급했을까? 목동은 지금 사력(死力)을 다해 달려오고 있다. 산을 넘고 언덕을 넘어 쏜살같이 달려오고 있다. 그리 길지 않은 시간에 예루살렘 솔로몬 궁에 이르렀다. 그리고는 술람미가 다른 남자와 사랑을 나누고 있는 그곳 가까이까지 다가와서 둘만의 침실에 나 있는 창문을 통해 자기의 연인이 지금 무엇을 하고 있는지를 살피기 시작한다.

잠시 후 그는 심한 충격(衝擊)을 받는다. 하지만 성품(性稟)이 착한 남자라서 감정(感情)을 자제(自制)하고 있다. 그리고는 이렇게 애원(哀願)하고 있다.

술람미(상상 속에서)

"나의 사랑하는 자, 그가 말하고 있어요."(아가 2:10 전반)

목동

"내 사랑아, 일어나라! 내 어여쁜 자야, 이리 오라! 자, 이제 겨울도 지났고 (봄)비도 지나가고, 땅 위에는 꽃들이 피어나고, 새들이 노래하는 시절이 왔구나. 땅에서 산비둘기 소리가 들리지 않는가? 무화과나무에는 열매가 달리기 시작했고, 이제 막 새싹이 돋는 포도나무들은 그 향기를 풍기고 있구나! 내 사랑아, 일어나라! 내 어여쁜 자야, 내게로 오라! 바위 틈 절벽의 은신처에 숨은 나의 비둘기야, 네 모습을 보여 주려무나. 네 목소리를 들려주렴. 네 목소리는 감미롭고 네 모습은 정말 아름답다!"(아가 2:10~14)

해설 목동은 지금 "너는 왜 나를 버리고 다른 남자와 사랑을 나누고 있는 거야? 어서 빨리 그 자리에서 일어나 내게로 오라!"라고 하며, 다급하게 하소연을 하고 있다.

그는 또한 술람미와 달콤한 사랑을 나누던 지난 여름을 상기하고 있다. 무화과 열매가 달리고 포도나무가 향기를 발하던 그때, 푸른 잎들이 무성하던 그 시절, 우거진 숲속에서 함께 나누었던 사랑을 말하면서 호소(呼訴)하고 있다.

"바위 틈 절벽의 은신처에 숨은 나의 비둘기야." 하는 표현은 그동안 헤어져 어디에 있는지 알 수 없는 술람미를 가리켜 하는 말이다. 그는 자기의 연인을 '나의 비둘기'로 묘사(描寫)하고 있다.

비록 회상(回想)이긴 하지만 술람미 여인에 대한 목동의 애절(哀切)한 호소는 그녀의 가슴을 뛰게 하고 있다. 그녀의 가슴속에서는 솔로몬에 대한 사랑과 목동에 대한 사랑이 번갈아 가며 춤을 추고 있는 것이다.

우리들도 이와 같다. 그리스도를 향하는 마음과 세상을 향하는 마음이 늘 자리다툼을 하고 있는 것이다.

목동의 이런 하소연에 술람미도 화답(和答)하지 않을 수 없었다. 그래서 그녀는 이렇게 자신의 심정을 노래한다.

술람미

"우리를 위해 여우 떼를 잡으세요! 포도원을 망치는
작은 여우들을요. 우리 포도원 나무들이 이제 꽃을

피웠기 때문이에요. 나의 사랑하는 자는 나의 것이요, 나는 그의 것. 그가 백합꽃들 가운데서 양을 치고 있어요. 나의 사랑하는 자야! 날이 저물고, 그림자가 지기 전에 돌아와서 베테르 בֶּתֶר 산에서 뛰어 노는 노루와 어린 수사슴처럼 함께 놀아요."(아가 2:15~17)

해설 1 여우의 히브리어 '슈알, שׁוּעָל' 은 '여우(fox), 재칼(jackal)' 을 의미한다. 여우는 과일을 좋아한다. 따라서 종종 포도원을 해치곤 한다. 포도원 열매가 크게 훼손(毁損)되면, 둘의 사랑에 방해가 된다. 이를 염려(念慮)하여 술람미 여인은 목동에게 빨리 "여우를 잡으라"고 무언의 호소를 하고 있는 것이다. 그러면서 자신이 아직도 목동에게 속해 있다는 사랑의 메시지를 보내고 있다.

앞의 구절에서 목동은 솔로몬 궁에까지 찾아왔다. 그러나 술람미의 응답은 궁을 찾아온 목동에게 하는 것이 아니다. 그것은 상상 속의 목동의 고백일 뿐이기 때문이다. 실제로 목동은 지금 레바논 어딘가에서 백합화 가운데서 양들을 먹이고 있다. 그래서 그녀는 심정적으로 '레바논에서의 사랑을 즐기자' 고 말하고 있는 것이다.

솔로몬과의 사랑의 밤은 끝이 났다. 솔로몬은 집무실로 향했고, 술람미는 자신이 거처해야 할 궁 어딘가로 떠나갔다.

해설 2 다음으로 이어지는 아가서 3장은 시간적으로 공간적으로 새로운 분위기(雰圍氣)를 연출한다. 이곳은 예루살렘이 아니라 레바논이다. 무대가 갑자기 예루살렘에서 레바논으로 도약(跳躍)하고 있는 것이다. 그것은 솔로몬과의 사랑 이후의 궁중(宮中)에서의 삶이 모두 생략(省略)되어 있기 때문이다.

그러나 우리는 이 감추어져 있는 시 · 공간의 공백을 얼마든지 상상으로 그려 낼 수 있다. 그냥 아무렇게나 그려 보는 그런 상상이 아니다. 본문에 의거(依據)하고 있는 자연스러우면서도 이치에 합당한 추리력이다.

두 번째 방문에서도 술람미는 레바논 고향으로 돌아가기까지 상당한 시간을 예루살렘에서 보내며, 여러 가지를 듣고 배운다. 솔로몬 성전 예배에도 참석을 하면서, 여호와에 대한 신앙과 더불어 그가 자기 백성을 얼마나 사랑하고 있는지도 조금씩 알아 간다. 그리고 여러 궁녀들과의 교제를 통해 궁궐에서의 삶도 서서히 익혀 나가고 있다. 계속해서 솔로몬의 사랑과 지혜를 더 깊이 있게 깨달아 가고 있는 것이다. 지난번에도 그랬듯이 수석 궁녀를 만나 여러 가지 상담을 하기도 한다.

술람미가 이렇게 아름다운 삶을 배워 가고는 있지만, 고향에 대한 향수(鄕愁)와 목동에 대한 사랑의 감정은 쉽게 수그러들지 않는다. 그래서 또다시 고향을 찾게 되고야 만다. 하지만 지난번의 경우와는 달리 여러 궁녀들이 몇 번 씩이나 그녀의 귀향길을 만류(挽留)했다. 그럼에도 불구하고 술람미는 결국 레바논을 다시 찾게 된다. 사랑하는 가족들과 고향 친구들 그리고 목동이 있기 때문이다.

제6막
술람미의 귀향(2)

배경 레바논

다시 집으로 돌아와 고향에서 지내게 된 술람미는 또 다시 서서히 궁중에서의 분위기를 잊어 간다. 반면, 옛 연인 목동에 대한 강한 갈망(渴望)은 점차로 가슴속 더 깊은 곳까지 점령(占領)해 간다.

솔로몬과의 사랑 중에도 회상을 할 만큼 강렬했던 목동과의 사랑이었기에 왕궁을 떠나 집에 와 있는 지금, 그에 대한 그리움은 어쩌면 당연한 일이다. 그녀는 이제 또 다시 꿈속에서 목동을 부르며 찾고 있다.

술람미의 두 번째 꿈

“밤마다 침상에서 내 영혼이 사랑하는 그를 찾으려 했지만, 그를 찾지 못했어요. ‘이제 일어나 도성의 거리와 광장으로 나가서 내 영혼이 사랑하는 그를 찾으리라.’ 하고 이리 저리 헤매었지만, 결국 찾지 못했습니다. 성읍을 순찰하는 파수꾼을 만났습니다. 그들에게 물어보았습니다. ‘당신들, 혹시 내 사랑하는 그 님을 보셨나요?’ 대답은 없었습니다. 그들을 지나치자마자, 내 영혼이 사랑하는 그 사람을 찾았습니다. 그리고는 그를 붙잡아 내 어머니의 집으로 데리고 왔습니다. 나의 어머니가 나를 잉태했던 바로 그 방으로. 예루살렘 딸들이여! 내가 노루와 들사슴으로 당신들에게 부탁합니다. 제발, 내 사랑하는 자가 (내 사랑을) 원할 때까지 나를 깨우지 말아 주세요.”(아가 3:1~5)

해설 술람미는 꿈속에서 목동을 찾아 산과 들을 헤맸다. 하지만 그를 만날 수는 없었다. 그래서 성읍으로

가 보았다. 이 성읍은 '돈비' 라는 성읍이다. 그녀와 목동이 자주 만나 사랑을 싹 틔운 곳이다. 거기에서도 한참만에야 목동을 찾게 된다. 물론 현실은 아니었다. 꿈일 뿐이다. 꿈에서였지만, 아무튼 그녀는 목동을 데리고 자기 집으로 왔다. 그리고 거기서 사랑을 나누고 있다. 솔로몬과 궁중에서 나눴던 그런 사랑이다.

그녀는 누구의 방해(妨害)도 받지 않고 사랑을 나누고 싶은 심정이다. 그래서 예루살렘 딸들에게 부탁(付託)을 하고 있다.

"여기가 레바논 자기 집인데 술람미는 무슨 이유로 예루살렘 딸들에게 그렇게 부탁해야 했는가?" 하고 묻는 독자들이 있을 수 있다. 당연(當然)한 질문이다. 그러나 여기서 예루살렘 딸들(궁녀들)은 시 · 공간을 초월하는 하늘의 천사들 또는 영들로 그려지고 있다. 그래서 이런 표현이 가능한 것이다.

어쨌거나 술람미는 지금 목동과의 깊은 사랑을 갈망(渴望)하고 있다. 더군다나 그녀는 예루살렘 궁에서 솔로몬과 사랑을 나눌 때, 상상 속에 떠올렸던 목동의 애원을 기억하고 있다.

술람미 여인은 아무런 방해 없이 흡족하게 목동과의 달콤한 사랑을 나눴다. 현실이 아닌 꿈 속에서…….

제 7 막
레바논으로 간 예루살렘 딸들

배경 예루살렘

이런 가운데 예루살렘에서도 술람미를 찾는 구애(求愛)의 드라마가 다시 펼쳐지고 있다. 사실 술람미에 대한 사랑은 비단 솔로몬과 그 근거리에서 그를 섬기는 궁녀들만의 일은 아니었다. 그녀가 두 번째로 예루살렘을 방문하고 돌아간 이후 왕비와 높은 지위의 후궁들 사이에서도 술람미에 대한 애착(愛着)은 남다른 것이었다. 그래서인지 그녀에 대한 칭찬과 애정으로 얘기꽃을 피우는 일이 하루 이틀이 아니다. 솔로몬도 이 사실을 잘 알고 있다.

사실 이 궁을 찾는 아가씨들은 수십, 수백에 이른다. 그런데 술람미가 그중에서도 특별한 관심의 대상이 되고 있는 것이다.

솔로몬의 강력한 권고로 비서실에서 회의가 열리고 있다. 지난번과는 달리 집무실도 크게 확장(擴張)되었고, 인원 수도 늘렸다. 직원들도 일하는 태도가 제법 진지(眞摯)해졌다. 회의를 주재하고 있는 수석궁녀 다말(Tamar)이 먼저 제안을 한다. 다말의 목소리는 매우 맑고 또렷하게 들려온다.

다말(수석궁녀)

“우리의 사랑하는 어여쁜 아가씨 술람미가 또 고향으로 되돌아갔습니다. 벌써 한 달이 지났습니다. 지난번에는 우리가 인내를 가지고 3개월을 기다려 줬지만, 이번에는 사정이 다릅니다. 여러분들도 알다시피 그녀는 앞으로 이 궁을 위해 큰일을 할 수 있는 재원(財源)입니다. 그래서 왕께서는 물론 왕비와 행정을 담당하고 있는 여러 후궁들까지 나서서 특별한 관심을 보이고 있습니다.

그녀는 우리 궁에서 많은 훈련(訓練)을 받아, 이제는 상당한 정도로 여호와에 대한 지식과 지혜와 믿음에 대해 많은 성장을 보이고 있습니다. 이제는 결혼(結婚)을 해도 좋을 만큼 성장을 했어요. 불과 일 년도 안 되어 이렇게 크게 변화를 보인 아가씨들이 거의 없을 정도입니다.

그런 그녀에 대해 우리가 이대로 무관심한 채 지나쳐 버린다면, 그녀는 더욱 더 큰 유혹(誘惑)을 받아 다시는 이리로 돌아오기가 어려워집니다. 사탄은 어떻게든 그녀가 궁으로 다시 돌아오는 것을 방해하고 말 것입니다. 그러니 특별 대책(對策)을 세워야 합니다. 여러분들의 좋은 의견이 있으면 자유롭게 발표하도록 하세요."

실바(교육담당 비서)

"술람미는 처음부터 아주 명석(明晳)한 아가씨였습니다. 두 번째로 예루살렘을 방문했을 때는 그야말로 나도 미처 생각할 수 없는 지혜를 그녀는 내게 보여 줬습니다. 하나를 가르쳐 주면 둘 셋을 아주 쉽게 이해하는 여인입니다. 그래서 그녀는 정말 특별한 인물이라고 생각했습니다."

교육담당이라 그런지 그녀의 목소리는 정말 카라카랑 하고 힘이 있어 보였다. 이번에는 술람미의 생활 지원을 담당했던 빌하(Bilhah)가 나섰다.

빌하(생활담당 비서)

"그녀는 개인 생활에 있어서도 부지런했으며 함께 있는 동료들에게도 참 모범적이었습니다. 그녀의 말은 다정다감했으며, 상대를 배려(配慮)하는 마음 또한 남달랐습니다. 가끔 그녀는 홀로 있는 시간을 즐길 때가 있었습니다. 이런 그녀의 모습을 왕께서도 아시고 자주 그녀를 부르곤 하셨습니다."

한 궁녀가 회의를 주재(主宰)하고 있는 수석궁녀 다말을 쳐다보며 힘 있는 목소리로 자신의 의견을 말했다.

궁녀

“우리의 목표는 술람미 아가씨를 다시 궁궐로 데리고 오는 것입니다. 그래서 무엇보다도 그녀와 많은 시간을 함께했던 생활담당관 빌하를 책임자로 보내는 것이 어떨까요?”

다말(수석궁녀)

“그래요, 그건 지혜로운 생각입니다. 나도 동감이에요. 그런데 이번에는 왕께서 중대한 결심을 하셨습니다. 술람미 아가씨를 신부로 맞아들이고 싶어 하십니다. 그래서 직접 행차하실 예정입니다. 우리가 해야 할 일은 먼저 가서 아가씨 마음을 설득(說得)하여 신부로서 결혼식에 참여할 수 있도록 하는 일입니다. 그러니 그녀의 마음을 가장 잘 이해하고 있는 생활담당관인 빌하를 추천(推薦)하고 싶어요. 여러분 생각은 어떠한가요?”

회원들은 모두들 박수를 치는 것으로 수석궁녀의 의견에 동의를 표했다. 의장이 말을 이었다.

"이번에는 궁녀 일곱을 함께 보내겠습니다. 그중에 실바도 포함시키겠어요."

해설 교회에서도 초신자가 교회에 안 나오는 경우와 집사나 권사가 되어 교회에 나오지 않는 경우는 문제가 다를 수밖에 없다. 술람미는 이제 영적으로 많이 성장해 있는 상태다.

배경 레바논

빌하는 책임자로 위탁을 받아 다른 궁녀 일곱 명과 특별 경호원 일곱 명을 대동한 채, 레바논으로 달려갔다. 그리고 술람미와 그 가족들을 만나 여러 날 동안 많은 대화를 나눴다. 술람미와 그 가족들은 결국에는 신부가 되는 일에 흔쾌(欣快)히 동의를 한다. 그리고는 신부로서 갖춰야 할 모든 준비를 마쳤다.

궁녀들이 레바논에 온 후 일주일이 지났다. 예정했던 대로 솔로몬은 큰 무리를 거느리고 광야(曠野)를 달려가고 있다.

다음 날 레바논 마을에서는 술람미와 궁녀들이 아침부터 서둘러 솔로몬(왕)이 오기를 기다리고 있었다. 술람미는 긴장과 설레는 마음으로 솔로몬(왕)을 기다리고 있다. 오후가 되어 광야 멀리에서 한 무리가 구름기둥처럼 다가오고 있다.

술람미의 가슴은 갑자기 두근거리기 시작한다. 달려오는 무리가 솔로몬이라는 것을 그녀도 이미 직감하고 있다. 그래서 궁녀들 앞에서 자신도 모르게 의례적으로 말이 나왔다.

술람미

"마치 연기 기둥같이, 몰약과 유향과 상인들의 분말 향을 풍기며, 광야 מִדְבָּר 에서부터 올라오는 이는 누구신가요?"(아가 3:6)

궁녀들은 이미 왕의 행렬(行列)을 잘 알고 있기에 술람미가 좀 더 편안한 마음으로 왕을 맞이할 수 있도록 자세하고도 친절하게 설명을 해 준다.

예루살렘의 딸들

"보세요, 그것은 솔로몬이 타고 오는 가마(침대)입니다. 이스라엘 용사 육십 명이 호위(護衛)하고 있습니다. 그들은 모두 칼을 잡은 전쟁용사들입니다. 밤이 두려워 각자 옆구리에 칼을 차고 있습니다. 솔로몬 왕은 레바논의 목재로 자신이 탈 가마를 만들었습니다. 그 기둥들은 은으로, 바닥은 금으로 만들었고요, 그 의자에는 자줏빛 천을 깔고, 내부에는 예루살렘 딸들의 사랑이 수놓여 있습니다. 시온의 딸들이여! 나와서 면류관(冕旒冠)을 쓴 솔로몬 왕을 보세요! 그의 결혼식 날, 그의 마음이 설레던 날, 그의 모친이 그의 머리에 씌워 준 것이랍니다."(아가 3:7~11)

해설 지금 막 신부(新婦)를 맞으려 하고 있는 이 마당에 예루살렘 딸들(궁녀)은 왜 왕이 지난 날 결혼한 사실과 왕관에 대한 얘기를 하고 있는 것일까?

이것은 한 사람만의 신부를 맞아들이는 인간 세상사에 대한 이야기가 아니라, 하늘나라의 신랑 신부에 대한 이야기이기 때문이다.

제 8 막
술람미와 솔로몬의 결혼

해설 솔로몬은 가마를 타고 술람미 여인을 찾아왔다. 이제 그는 술람미를 향해 "나의 누이, 나의 신부"라고 말한다. 이는 오늘날 그리스도가 우리를 향해 부르는 사랑의 표현이기도 하다. 앞 장 마지막 절에서는 솔로몬의 가마와 그의 결혼식 때의 왕관을 언급했다. 이 부분을 4장에서 술람미 여인을 신부라고 부르는 것과 연관 지어 생각해 보아야 한다.

유대인들의 결혼식은 신랑이 밤중에 신부 집으로 와서 신부를 데리고 가는 것으로 시작이 된다. 솔로몬은 술람미 여인을 신부로 맞아들이기 위해 가마를 준비(準備)하고 신부의 집이 있는 레바논으로 왔다. 그리고 신부를 향해 사랑을 고백한다.

솔로몬

“내 사랑 그대는 아름답고 아름답구려! 너울 속 그대의 두 눈은 비둘기 같고, 그대 머리는 길르앗 산에서 내려오는 염소 떼 같소! 그대 이는 털을 깎고 목욕시킨 흰 양 떼들 같소. 각기 짝을 이뤄, 하나도 어긋난 것이 없구려. 그대 입술은 자색 실 같고, 말하는 그대 입은 어여쁘고, 너울 속 그대 두 뺨(관자놀이)은 석류 한 쪽 같구려. 그대 목은 빼어나게 아름다워서, 용사들의 방패 천 개를 두려고 건축한 다윗성 망대(望臺) 같소. 그대의 두 젖가슴은 새끼 사슴 한 쌍 같고, 백합화 꽃밭에서 풀을 뜯는 쌍둥이 노루와도 같소. 날이 저물고 땅거미가 지기 전, 나는 몰약(沒藥) 산 유향(乳香) 언덕으로 가리이다. 나의 사랑, 여인이여! 그대는 정말 아름답구려. 그대에게는 흠도 하나 없소이다.”(아 4:1~7)

해설 1 솔로몬은 사랑을 고백하면서 자신이 '몰약 산 유향 언덕'으로 가겠다고 말한다. 이는 "내가 그리로 갈 것인데 너(술람미)는 그리로 따라갈 마음이 있느냐?"라고 물어보는 것이다. 이때부터 솔로몬은 설레는 마음으로 술람미 여인을 향해 '나의 신부'라고 부르기 시작한다. 그러면서 "레바논에서 나와 같이 갑시다!" 하고 말을 한다.

이 구절이 곧 솔로몬 자신이 지금 레바논 즉 술람미의 고향집에 있다는 사실과 지금까지 우리가 레바논을 술람미의 고향이라고 말해 온 이유를 명백하게 설명해 주고 있는 것이다.

해설 2 "그대 머리는 길르앗 산에서 내려오는 염소 떼 같소!" 하는 표현은 술람미의 검은 머리가 땋인 채로 볼 양쪽으로 드리워져 있음을 말한다. 꼬여 있는 머리 다발 하나하나가 마치 한 마리 염소처럼 보이고 있는 것이다.

솔로몬

"나의 신부여! 레바논에서 나와 같이 갑시다. 아마나 산꼭대기에서, 스닐 산 정상에서, 헤르몬 산꼭대기에서 내려오시오. 사자 굴에서, 표범들이 들끓는 산에서 내려오시오. 나의 누이, 나의 신부여! 그대가 내 마음을 빼앗았소. 그대 눈짓 한 번에, 그대 보석 목걸이에 그만 반했소. 나의 누이, 나의 신부여! 그대 사랑이 얼마나 달콤한지, 그대 사랑은 포도주보다 달콤하고 그대 향기는 어떤 향수보다 향기롭소. 나의 신부여! 그대 입술에서는 송이 꿀 같은 달콤함이 흘러나오고, 그대 혓바닥 아래에는 젖과 꿀이 있소. 그대 옷에서 풍기는 향기는 레바논의 향기와도 같소. 나의 누이, 나의 신부여! 그대는 닫힌 동산이오. 또 그대는 덮어 놓은 우물이오. 그리고 울타리를 두른 샘이오. 그대 식물은 석류들과 최상품 과실들과 나도화와 번홍화와 창포와 계수나무와 향나무들과 몰약과 침향과 가장 귀한 향료들이오. 그대는 동산의 샘, 생수가 솟는 우물, 레바논에서 흐르는 시내요."(아가 4:8~15)

해설 1 솔로몬은 신부를 향해 "그대 옷에서 풍기는 향기는 레바논의 향기와도 같소. 그대는 동산의 샘, 생수가 솟는 우물, 레바논에서 흐르는 시내요." 하고 말한다. 이 부분도 술람미의 고향이 레바논인 것을 증언해 주고 있다.

'몰약(沒藥) 산 유향 언덕' 은 솔로몬의 포도원 동산(아 5:1)을 지칭하는 말이다. 이 몰약은 좋은 향기를 발한다. 유향 לבונה 은 값비싼 물품으로 잘 부서지며, 반짝거리며 쓴 맛이 난다. 하지만 불을 붙이면 대단한 만족감을 주는 향기를 쏟아 낸다.

해설 2 '레바논' 은 '흰 산' 이라는 뜻이다. '아마나(Amana)' 는 레바논의 한 지류에 있는 산이다. '스닐(Senir)' 은 '눈 산' 을 의미한다. '헤르몬(Hermon) 산' 은 레바논 가까이에 있다. 이들은 모두 우뚝 솟아 있는 높은 산들이다. 레바논의 봉우리는 3,088m의 높이다. 헤르몬 산도 높이가 2,814m나 된다. 모두 갈릴리 북쪽의 한 지역에 위치한 산들이다. 아마도 목동이나 술람미나 이 높은 산들을 가끔씩 오가며 지냈을 것이다. 이 산들은 높고 험한 곳이라 사자나 표범들이 들끓을 정도였다. 따라서 여기에는 이 맹수들의 먹이가 되는 각종 짐승들도 많이 살았다. 아울러 목동들은 자기 양떼들을 맹수들로부터 지키느라 많은 애를 썼을 것이다.

이 지역은 자연 환경으로 보면 지상의 낙원(樂園)과도 같은 곳이다.

솔로몬(술람미에게)

"당신은 이제 이 아름다운 곳 레바논을 떠나서 예루살렘으로 가야 하오."

해설 예루살렘은 겉으로는 결코 아름답지 않다. 레바논에 비교할 수가 없다. 하지만 거기에는 성전이 있다. 그리고 궁전이 있다. 이들 역시 겉으로 보기에는 큰 매력(魅力)을 끌지 못한다. 그럼에도 그 안으로 들어가 보면, 온갖 아름다운 보화들이 있다.

우리가 사는 이 세상은 정말 아름다운 곳 곧 레바논과

같은 곳이다. 그런 아름다운 동산에서 예루살렘(에덴, 천국)으로 가는 길은 그리 만만치 않다. 오직 예루살렘의 보이지 않는 아름다움을 아는 자들만이 레바논을 과감하게 떠날 수 있는 것이다. 그 아름다움이 우리를 자꾸 세상으로 잡아당기고 있기 때문이다.

술람미도 예루살렘의 딸들의 도움이 없었더라면, 결코 솔로몬의 동산에 이를 수는 없었다.

배경 예루살렘

술람미 아가씨는 솔로몬의 가마를 타고 레바논 산에서 솔로몬 동산(몰약산, 유향산)으로 왔다. 이 동산은 곧 술람미 여인의 동산이 될 것이다. 그녀는 이제 새로운 마음의 준비를 하고 있다. 하지만 이런 순간에도 그녀는 '자기 목동'을 생각하는 마음을 떨쳐버리지 못하고 있다. 그래서 이렇게 혼잣말로 맘껏 외쳐 댄다.

술람미(독백)

'북풍아 깨어라! 남풍아 일어나라! 내 동산(솔로몬 동산)으로 불어와 그 향기가 널리 퍼지게 해 다오. 그리하여 내 사랑 그 님(목동)이 그 동산에 들어가 그 최상품 과실들을 맛보게 해 주오.' (아가 4:16)

한편 술람미를 신부로 맞이한 솔로몬은 그의 동산에서 향품과 몰약을 모은다. 젖과 꿀과 포도주의 맛을 즐긴다. 그리고 다정하게 신부의 이름을 부르며 한 번 마셔보라고 권한다. 아울러 친구들과 모두를 그리로 초대(招待)한다.

솔로몬

"나의 누이, 나의 신부여! 내가 내 동산에 들어와서 내 향품과 몰약을 모으고, 내 꿀송이와 내 꿀을 따먹고, 포도주와 우유도 마셨소."(아가 5:1 전반)

해설 솔로몬과 술람미는 함께 가마를 타고 예루살렘 솔로몬 동산으로 왔다. 여기서 솔로몬은 향품과 몰약을 모으며 젖과 꿀과 포도주의 맛을 즐긴다. 솔로몬 동산은 젖과 꿀이 흐르는 곳이다. 이는 곧 가나안의 상징(象徵)이요, 에덴 동산의 상징이다. 더 나아가서는 에덴 동산이 회복되고 거기에 세워질 천국의 모습을 예시하고 있다.

술람미 여인
"오, 나의 친구들아! 나의 사랑하는 자들아! 맘껏 먹고 마셔요."(아가 5:1 후반)

솔로몬의 신부가 되어 예루살렘에서 새로운 삶을 시작한 술람미는 솔로몬 동산을 관리하며 여러 날을 지냈다. 그러던 어느 날, 그녀에게 또 다시 옛 연인에 대한 미련(未練)이 되살아나고 있다. 밤마다 꿈속에서 그녀의 사랑하는 자가 다가온다. 아직 목동에 대한 상사병(相思病)으로부터 완전한 치유(治癒)를 받지 못한 것이다.

아가서 5장 2절부터 6장 3절까지는 모두 꿈속에서 이루어지는 사건들이다.

술람미의 세 번째 꿈

"나는 잘지라도 마음은 깨어 있습니다. 그때 나의 사랑하는 자(목동)의 문 두드리는 소리가 들려옵니다. '나의 누이, 내 사랑아! 너는 내 비둘기, 내 완전한 자란다. 그대 어서 문 좀 열어 다오. 내 머리가 이슬에 젖었고, 내 머리털도 밤이슬에 촉촉하단다.'" (아가 5:2)

술람미는 그에게 이렇게 대답한다.

"난 지금 옷을 벗고 있어요. 그런데 어떻게 다시 입을 수 있어요? 난 발을 이미 씻었어요. 그런데 어떻게 다시 발을 더럽히란 말인가요?"(아가 5:3)

아가씨로서 여인의 수줍음을 표현하는 말이다.

"나의 사랑하는 자(목동)가 문틈으로 자기 손을 들이 내밀었습니다. 그러자 내 속이 움찔거렸어요. 그래서 일어나 나의 사랑하는 자를 위해 문을 열었습니다. 그때 내 두 손에선 몰약즙이 뚝뚝 떨어지고 있었습니다. 그리고 몰약이 떨어지는 그 손가락으로 문고리를 잡았습니다. 나의 사랑하는 자를 위하여 문을 열었습니다. 그러나 그는 이미 떠나 버렸어요. 그가 말할 때, 아마 내 혼(魂)이 나갔었나 봅니다. 그래서 밖으로 나가 그를 찾고자 했지만 찾지 못했습니다. 그 이름을 불러도 보았지만 대답이 없있습니다."(아가 5:4~6)

해설 술람미는 아직 아가씨인데 남자가 갑자기 문틈으로 손가락을 내밀었으니 놀랄 수밖에 없었다. 하지만 기왕(既往)에 들켰으니 옷을 입은 후 용기 있게 문을 열어 주었다.

몰약은 솔로몬 동산의 향품이다. 그녀는 이제 예루살렘의 솔로몬 동산에 와 있기에 그 몰약향으로 몸을 치장(治粧)했다는 표현이 가능하다. 이것은 지금 그녀가 예루살렘의 여인의 되었다는 것을 말해 주고 있다. 그래서 몰약이 뚝뚝 떨어지고 있는 것이다.

"순찰자들이 성읍을 돌다가 나를 발견했어요. (그런데) 그들은 나를 때리고, 상처를 입혔습니다. 성벽을 지키던 파수꾼들이 내 겉옷을 그만 벗겨 버렸습니다."(아가 5:7)

해설 그녀는 이제 신부의 몸이다. 신부로서 다른 남성을 가까이 한다는 것은 잘못된 일이다. 그래서 경고의 표시로 순찰자(巡察者)들이 그녀를 때리고 상처(傷處)를 입히고 겉옷을 벗겨 버렸다고 이해하는 것이 가장 자연스러울 것이다.

"예루살렘 딸들이여! 내가 부탁합니다. 혹시 나의 사랑하는 자(목동)를 만나거든 내가 사랑 때문에 병이 났다고 전해 주세요!"(아가 5:8)

해설 술람미는 결혼 후에도 끈질기게 목동에게 집착(執着)해 있다. 아직 상사병의 노예(奴隷)에서 벗어나지 못하고 있는 것이다. 궁녀들이 보기에 그녀는 너무 특이

하여 고개를 갸우뚱할 정도다. 예루살렘의 딸들은 그렇게도 옛 연인에게 사로잡혀 있는 신부(술람미 아가씨)에게 사랑하는 남자(목동)가 대체 어떤 사람이냐고 묻는다.

예루살렘의 딸들

"여자들 중에서 가장 아름다운 아가씨여! 당신의 사랑하는 자(목동)가 남의 사랑하는 자(솔로몬)보다 나은 것이 무엇이죠? 당신의 사랑하는 자(목동)가 남의 사랑하는 자(솔로몬)보다 무엇이 남달라 우리에게 그렇게 부탁하는 거죠?"(아가 5:9)

술람미 여인

"나의 사랑하는 자(목동)는 희고도 붉어 일만의 사람보다 뛰어나답니다. 그의 머리는 정금 같고, 그의 머리털은 곱슬곱슬하고 검기가 까마귀 같아요. 그의 두 눈은 우유로 목욕하고 강가에 앉아 있는 비둘기 같고, 아름답게 박혔어요. 그의 두 볼은 향기를 토해내는 꽃밭 같고요, 그의 입술은 몰약을 떨어뜨리는 백합화 같답니다. 두 손은 황옥이 박힌 고리 같아요. 그리고 그의 몸은 청옥으로 장식한 상아 같아요. 그의 두 다리는 정금 받침에 세운 대리석 기둥 같고, 그 얼굴은 레바논 같고, 백향목처럼 멋지답니다. 그의 입은 달콤하기 그지없어요. 그의 모습은 정말 멋져요. 예루살렘 딸들이여! 나의 사랑하는 자, 내 친구가 바로 이런 사람이랍니다."(아가 5:10~16)

해설 1 술람미 여인은 신부가 되어 있는 몸으로서 다른 연인에 대한 칭찬을 늘어놓는다. 그녀가 아직도 목동을 얼마나 사랑하고 있는지를 단적으로 말해 주는 증거(證據)이다. 겉으로는 신부가 되었지만, 내면 깊숙이에서는 잠재적으로 목동을 많이 그리워하고 있다. 물론 이것들은 실제가 아니라, 술람미 여인의 꿈속에서 일어나고 있는 일들이다.

해설 2 술람미는 목동의 얼굴을 "레바논 같고 백향목 같다."라고 말하고 있다. 목동의 고향 또한 레바논임을 증언해 주고 있는 것이다. 그녀는 목동과 연애하는 동안에 있었던 여러 차례의 키스 경험을 통해 "그의 입은 달콤하기 그지없어요." 하고 고백하고 있다. 술람미의 고백에서 보듯, 그녀는 아직까지도 솔로몬과 목동 사이에서 그네 타기를 하고 있는 것이다. 궁녀들이 안타까운 마음으로 신부에게 묻는다.

예루살렘의 딸들

"여인들 중에 가장 아름다운 여인이여! 그대 사랑(목동)은 어디로 갔나요? 어디에 있는지 알면, 우리가 당신과 함께 그를 찾아 나설 것입니다."(아가 6:1)

술람미

"나의 사랑하는 자는 자기 동산, 향기로운 꽃밭으로 내려갔을 거예요. 거기서 양 떼를 먹이고, 백합화를 모으고 있을 겁니다. 나는 나의 사랑하는 자에게 속하였고, 그는 내게 속했습니다."(아가 6:2~3 전반)

해설 술람미는 신부가 된 이 마당에서도 이렇게 대담하게 '자신과 목동은 한 몸'이라고 말하고 있다. 그러면서 목동이 있는 곳을 가리키고 있다.

> 술람미(궁녀들을 향해)
>
> "저기를 보세요! 그가 백합화 가운데서 양 떼를 먹이고 있습니다."(아가 6:3 후반)

술람미 여인이 꿈을 꾼 얘기는 여기서 끝이 난다. 하지만 그녀의 이런 사정을 예루살렘의 딸들은 이미 다 알아차렸다. 그래서 그녀와 대화를 나누며 상담도 한다.

마침내는 궁녀들이 솔로몬에게로 간다. 그리고 신부의 그런 사정을 보고한다. 아가서는 사건의 중간 과정들을 많이 생략하고 있다.

솔로몬은 예루살렘 딸들로부터 술람미 여인에 대한 이런 저런 정황(情況)을 보고 받은 후에, 자신의 신부가 된 술람미 여인을 다시 찾아간다. 물론 고향집으로 간 것이 아니라, 현재 신부가 머물고 있는 궁궐의 어느 건물로 찾아간 것이다.

술람미 여인은 면박(面縛)으로 얼굴을 가린 채, 솔로몬을 맞이한다.

솔로몬

"그동안 잘 지냈소?"

술람미는 아무 말이 없다. 호세아의 아내 '고멜'처럼 여러 차례나 자신을 떠나 목동에 대한 애착(愛着)에서 벗어나지 못하고 있는 그녀지만, 솔로몬에게는 그녀가 여전히 아름답고 소중한 존재다. 솔로몬은 그녀를 보며, 사랑을 노래한다.

솔로몬

"나의 사랑아! 그대는 디르사(Tirzah)같이 아름답고, 예루살렘같이 사랑스러우며, 깃발을 날리는 군대처럼 당당하구려! 그대 두 눈을 내게서 돌리시오!

그대의 눈이 나를 삼킬 듯하오. 그대 머리털은 길르앗에서 내려오는 염소 떼 같소. 그대 이는 새로 목욕한 양 떼 같소. 모두 짝이 있고, 하나도 어긋나지 않았소. 너울(면박) 속 그대의 두 뺨은 쪼개 놓은 석류 한 쪽 같소."(아가 6:4~7)

해설 1 디르사(Tirzah, תִּרְצָה)는 가나안의 한 성읍이다. 여로보암 1세에서 오므리 왕까지 40여 년 동안은 북 왕국 이스라엘의 수도였으며, 또한 아름답기로 유명했다. 그래서 솔로몬은 "디르사같이 아름답다."라고 말하고 있다. 또한 신부로 맞아들이기 전에는 술람미를 '레바논의 샘'으로 비유했지만, 지금은 예루살렘의 신부가 되었기에 '예루살렘같이' 사랑스럽다는 말로 그녀에 대한 애정을 나타내고 있다.

해설 2 솔로몬은 자신의 신부를 보고 "깃발을 날리는 군대처럼 당당하다."라고 말한다. 이것은 술람미가 자신과 결혼했음에도 불구하고, 옛 연인 목동과의 관계를 말하면서 "나는 나의 사랑하는 자에게 속하였고, 그는 내게 속했습니다." 하는 극단의 감정을 드러냈기 때문이다.

솔로몬의 사랑 고백에 술람미 여인은 한참이나 아무 말이 없다. 말하기가 그저 죄송스러웠기 때문일 것이다.

그리도 아름다운 사랑을 주었건만, 계속 목동에 대한 생각에서 헤어 나오지 못하는 그녀에 대해 솔로몬도 좀 의아스럽게 생각했을 수도 있다. 그래서 말이 없는 그녀 앞에서 혼잣말로 속삭이고 있다.

솔로몬(독백)

'왕후가 육십 명, 후궁이 팔십 명, 궁녀들은 셀 수도 없이 많지만, 나의 비둘기, 나의 완전한 자는 오직 하나뿐. 그 모친의 외동딸, 그녀를 낳은 자가 귀중히 아끼는 자. 예루살렘 딸들은 그녀를 보고 복되다 하고, 왕후들과 후궁들도 모두 그녀만 칭찬하네. 새벽(빛)같이 솟아오르고, 달처럼 아름답고, 해같이 명료

하며, 깃발을 든 군병처럼 위엄 있는 이 여인은 대체 누구란 말인가?' (아가 6:8~10)

해설 솔로몬이 여기서 제 삼자로 표현하고 있는 말들 즉 '그 모친의 외동딸', '그녀를 낳은 자가 귀중히 여기는 자' 등은 상대를 향해 직접 할 수 있는 말이 아니다. 이는 그가 지금 혼잣말을 하고 있다는 것을 정황(情況)적으로 설명해 주고 있는 것이다.

"새벽(빛)같이 솟아오르고, 달처럼 아름답고, 해같이 명료(明瞭)하며, 깃발을 든 군병처럼 위엄(威嚴) 있는 이 여인은 대체 누구란 말인가?" 하는 표현이 바로 솔로몬이 술람미 여인에 대해 의아함을 드러내는 부분이다.

솔로몬은 독백 후에도 길게 말을 하지 않았다. "내 사랑, 당신, 힘내요!" 하는 말만을 남기고 그냥 떠나간다.

솔로몬은 떠나갔고, 술람미는 다시 홀로 남게 되었다. 며칠이 지나 그녀는 호두동산을 찾는다. 거기에서 그녀는 자신도 모르는 마음의 변화를 겪는다.

신부(술람미)

"골짜기(급류계곡)에 돋아난 새싹을 보려고, 포도나무에 싹이 돋았는지, 석류나무에 꽃이 피었는지 보려고 호두동산으로 내려갔습니다. 나도 몰래, 내 영혼이 나를 고귀한 내 백성의 병거에 태웠습니다."

(아가 6:11~12)

해설 호두동산은 솔로몬 동산의 한 지역이며, 말 그대로 호두나무들이 군락(群落)을 이루어 자라는 곳이다. 에덴 동산에는 각종 과실들이 많이 있었다. 마찬가지로 솔로몬 동산에도 많은 과실나무들이 자라고 있다. 다만, 대표적으로 포도(葡萄)나무, 석류(石榴)나무 등이 거론(擧論)되고 있는 것이다.

그녀는 자신도 모르게 자신의 영혼을 자신의 귀한 백성의 수레에 태웠다. 그녀의 귀한 백성은 자신이 태어나고 자란 마을의 사람들이다. '수레(chariot , מֶרְכָּבָה)에 태웠다' 는 것은 고향 사람들에 대한 불타는 마음이 있어 그리로 돌아가야겠다는 굳은 의지의 발로(發露)다.

예루살렘의 딸들은 그녀가 고향으로 돌아가는 것을 극구(極口) 말렸지만, 끝내 그 고집(固執)을 꺾을 수는 없었다. 그래서 다만, 술람미 여인 자신이 스스로 다시 돌아와 주기만을 바라는 마음으로 그녀의 발걸음을 묵묵히 지켜볼 수밖에 없었다.

제9막
돌아오라! 술람미야

배경 예루살렘

그녀가 예루살렘을 떠나간 것은 이번이 세 번째다. 그런데 그녀가 예루살렘을 떠난 지도 이미 여러 달이나 지났건만 그녀는 돌아올 기미를 보이지 않는다. 솔로몬은 말할 것도 없고, 왕궁이나 동산에 있는 모든 이들이 그녀가 돌아오기를 애타게 기다리고 있다. 그런 심정을 가슴에 담아 예루살렘 여인들이 이렇게 외치고 있다.

예루살렘의 딸들

"돌아오라! 돌아오라! 술람미 여인아! 그대가 보고

싶으니, 제발 돌아와 주세요!"(아가 6:13)

하지만 애타는 마음만 있을 뿐 여인들은 스스로 나서기를 주저(躊躇)하고 있다. 그동안 여러 차례나 그녀를 설득(說得)해 왔던 터라 좀 지친 상황(狀況)이라고 볼 수 있다. 그래서 성경도 성령(영들)이 우리를 위해 탄식(歎息)하고 있다고 표현하고 있는 것이다.

이런 즈음에 솔로몬이 다시 나섰다. 그는 궁녀들에게 이렇게 독려(督勵)하고 있다.

솔로몬

"술람미 여인에게서 뭘 보려는 거요? 그녀가 마치 마하나임 앞에서 춤을 추고 있는 무희(舞姬)라도 된다는 말이오?"(아가 6:14)

해설 마하나임(Mahanaim, מַחֲנַיִם)은 '두 진영' 이라는 뜻이다. 이는 술람미 여인의 마음이 목동과 솔로몬 사이에서 왔다 갔다 하는 모습을 그리고 있는 것이다. 본절의

뜻은 마하나임의 춤을 추고 있는 술람미 여인의 모습(模襲)을 그냥 지켜만 보지 말고, 어서 빨리 서둘러서 그녀를 다시 설득(說得)하라는 솔로몬의 격려(激勵)의 말이다.

솔로몬의 격려를 받은 예루살렘 여인들은 왕을 모시고 왕의 신부의 고향 레바논으로 향한다. 술람미 여인이 고향에 돌아와 지내고 있는 세월은 이미 한참이다. 여러 달이나 지나가고 있었던 것이다. 솔로몬 포도원에 대한 기억도 그녀에게서 많이 희미(稀微)해져 갔다. 그녀는 아직도 집요(執拗)하게 목동에 대한 사랑과 그녀의 백성들과의 삶에 크나큰 미련(未練)을 가지고 있다. 그녀는 지금 시골 고향의 포도원 즉 처음에 오빠들이 그녀에게 맡겼던 바로 그 포도원에서 옛 연인 목동을 맞을 꿈을 꾸며 지내고 있다.

그러던 어느 날, 그녀는 옷을 깔끔하게 차려 입은 채, 산언덕에 자리하고 있는 넓은 바위 위에 앉아 사람들이 오가는 광야(曠野)를 내려다보고 있었다. 그런데 멀리서 희미하지만 한 무리가 구름기둥 같은 모습으로 레바논을 향해 오는 것이 보였다.

배경 레바논

술람미 여인

"저들이 누구란 말인가? 지나가는 대상(caravan, 隊商)들인가?"

점점 더 가까이 오고 있는 모습을 보니 이제는 다시 찾아오지 않으리라고 생각했던 솔로몬 일행이었다. 그것도 예전보다 더 많은 궁녀들을 거느린 채로.

그 순간(瞬間), 그녀는 당황(唐惶)스럽기도 하고, 다른 한편으론 말로 표현할 수 없는 어떤 감격 – 왕궁과 왕의 포도원에서 있었던 일 – 이 다시금 상기(想起)되어 피부로 다가옴을 느낀다.

이런 가운데 술람미 여인은 베일로 얼굴을 가린 채, 자신을 찾아온 예루살렘의 딸들과 솔로몬을 맞는다.

술람미 여인(고개를 숙이면서)

“어서 오십시오. 죄송합니다.”

궁녀들(예루살렘의 딸들)

“그동안 잘 지냈나요?”

궁녀들은 서로 너나 할 것 없이 술람미 여인을 향해 반갑게 인사를 한다. 그리고는 칭찬(稱讚)의 말을 아끼지 않는다.

궁녀들(예루살렘의 딸들)

“오, 귀한 자의 딸이여! 신발을 신은 그대 두 발이 정말 아름답습니다. 그대의 멋진 두 다리는 보석 세공인이 공들여 만든 보석 같습니다. 그대 배꼽은 혼합 포도주를 가득 채운 둥근 잔이며, 그대 허리는 백합화로 둘러싸인 밀 짚단 같아요. 그대 두 젖가슴은 두 새끼 사슴, 노루 한 쌍같이 아름답습니다. 그대 목은 상아 망대 같고, 그대 두 눈은 헤스본 성읍의 바드랍빔 문 곁의 연못 같고, 그대 코는 다마스커스(다메섹)를 향한 레바논 망대 같고요, 그대 머리는 갈멜 산 같고, 늘어뜨린 머리카락은 자줏빛이네요. 왕께서도 그대의 머리채(늘어뜨린 머리털)에 마음을 빼앗겼습니다."(아가 7:1~5)

해설 1 "오, 귀한 자의 딸이여!" 하는 것은 술람미가 어느 정도 지체 있는 집안의 딸임을 말해 주는 것이다. 예루살렘 딸들은 또한 술람미 여인이 진정 아름답다는 말과 더불어 왕이 그녀를 끔찍이도 사랑하고 있다는 사실을 그녀에게 전해 주고 있다.

그런데 여기 본절에서 또 레바논이 등장(登場)하고 있다. 다른 구절에서도 레바논은 늘 술람미 여인과 관련(關聯)되어 언급되고 있다. 지금 대화하고 있는 이곳이 곧 술람미 여인의 고향임을 말해 주고 있는 것이다.

이런 사실로 미루어 보아, 앞장의 솔로몬 호두동산에서 술람미가 "나도 몰래, 내 영혼이 나를 고귀한 내 백성의 병거에 태웠습니다."(아 6:12) 하고 했던 그 말이 곧 고향으로 되돌아가겠다는 의지의 표현이었다는 것을 알 수 있다.

해설 2 5절의 하반절 "왕께서도 그대의 머리채에 마음을 빼앗겼습니다."가 없었더라면, 이 내용은 틀림없이 남성이 여성한테 보내는 사랑의 고백처럼 보인다. 하지만 이 부분은 분명 예루살렘의 딸들이 술람미에게 하는 말이다. 만일 아가서가 남녀의 사랑을 다루고 있는 것이라면, 이것은 동성연애(Lesbianism)라고 할 수 있다. 그러므로 이 구절을 보더라도 아가서는 단순한 남녀의 사랑을 주제로 한 것이 아니라, 인간을 향한 신의 사랑이 그 주제임을 명백히 알 수 있다.

술람미를 향한 솔로몬(그리스도)이나 딸들(하늘의 영들)의 사랑스런 고백은 그리스도와 성령이 여러분과 나를 포함하는 우리 인간을 그렇게도 아름답고 사랑스럽게 여기고 있다는 강력한 증거인 것이다. 그 사랑 앞에 나를 버리는 것이 우리의 진정한 의무임을 반드시 명심하자!

예루살렘 딸들이 먼저 말을 건네며 인사하는 것을 지켜보던 솔로몬이 드디어 말을 꺼내기 시작한다. 그러자 여인들은 뒤로 잠시 물러난다.

솔로몬

"그렇소. 여기 이 여인들의 말처럼 난 마음을 온통 당신에게 빼앗기고 있어요. 그동안 잘 지냈소?"

술람미 여인

"네, 할 말이 없습니다."

솔로몬(몇 마디 말을 건넨 후)

"오 내 사랑, 술람미 여인이여! 당신은 정말 아름답고 정말 매혹적이오. 당신은 종려나무처럼 키가 크고, 당신의 가슴은 그 열매 송이 같구려. 난 종려나무에 올라, 그 열매를 잡으리라고 혼자 말했소. 그대 젖가슴이 포도송이들 같다면, 그대 콧김은 사과향 같소. 그대 입(천장)은 최상급 포도주 같소."(아가

7:6~9 전반)

술람미 여인은 아무런 대꾸도 없이 계속 머리를 숙인 채, 솔로몬의 말을 듣고 있다. 얼마간의 긴장(緊張)에서 벗어난 듯, 그녀가 겨우 입을 열었다.

술람미 여인(들릴 듯 말 듯)

"그 포도주는 잠자는 자의 입술로 술술 흘러내려 그 입술을 다시게 합니다. 나는 나의 사랑하는 자(목동)의 것입니다. 그가 나를 사모(思慕)하고 있습니다." (아가 7:9 후반~10)

이렇게 고집스런 여인이 또 있을까! 그녀는 솔로몬의 말을 듣고 있으면서도 마음속으로는 끈질기게 목동을 찾고 있다.

술람미 여인(독백)

'나의 사랑하는 자(목동)야! 우리 들로 가서 마을에

서 한밤을 지내요. 우리 일찍 일어나 포도원으로 가서 포도나무에 싹이 돋았는지, 꽃이 활짝 피었는지, (또) 석류꽃이 피었는지 살펴봐요. 거기서 그대에게 내 사랑을 드리겠어요. 합환채가 그 향기를 발하고, 우리 문 앞에는 온갖 귀한 실과들이 있어요. 그것들은 모두 내가 당신을 위해 준비한 것들이에요. 햇것도 있고 묵은 것도 있어요.' (아가 7:11~13)

해설 합환채(合歡菜, mandrake)는 성적 욕구를 돋우어 주는 일종의 강장제로 상추와 많이 닮았다. 꽃은 자줏빛이며 뿌리는 두 갈래로 나누어져 있다. 열매는 5월 초순에 익으며, 크기는 작은 사과만 하고, 향기가 매우 좋은 것으로 알려져 있다.

지금 술람미 여인은 솔로몬과의 사랑은 잊은 채, 목동과의 세상적인 사랑을 그리워하고 있다. 그러면서도 한편으론 솔로몬에 대한 사랑을 다시 되뇌고 있다. 이런 저런 생각이 오가는 가운데, 그녀는 한참 동안 숙이고 있던 고개를 서서히 쳐들기 시작했다. 그러자 솔로몬과 눈이 마주치게 된다. 그리고 그녀의 입에서는 대담한 말소리가 터져 나온다.

술람미 여인

"당신이 내 어머니의 젖을 먹고 자란 형제라면, 밖에서 내가 당신을 만나 입 맞추어도 아무도 날 멸시(蔑視)하려 하지 않았을 거예요. 나는 당신을 모셔서, 내 어머니의 집으로 인도하려 했을 테고요. 그리고 당신은 (그 지혜로) 나를 가르쳤을 거예요. 나는 당신에게 향기로운 포도주, 곧 내 석류즙을 마시게 했을 거구요."(아가 8:1~2)

해설 "당신이 내 어머니의 젖을 먹고 자란 형제라면"

이 부분을 히브리어 원문에 따라 직역해 보면 이렇다.

"Who can put(set) you as brother to me who sucked the breast of my mother?"(누가 당신을 내 어미의 젖을 먹고 자란 오라비가 되도록 해 줄 수 있겠습

니까?) 이 말은 즉 "당신이 차라리 내 오라비라면(그렇다면) 밖에서 내가 당신을 만나 입을 맞추어도 아무도 나를 멸시(蔑視)하려 하지 않을 거예요." 하는 의미가 된다.

술람미는 목동의 강렬한 사랑을 그리워하면서도 솔로몬에게서도 사랑을 받고 싶어 한다. 하지만 단순한 육체의 사랑이 아니다. 그를 스승과 같이 모시고, 그가 원한다면 한없이 그 품으로 만족하겠다는 뜻이다. "당신은 (그 지혜로) 나를 가르쳤을 거예요." 하는 구절이 바로 그것을 말해 준다.

이 구절들은 술람미 여인이 솔로몬과 사랑을 하되, 왕궁이나 솔로몬 동산에서의 사랑이 아니라 자신의 고향 곧 자신의 집에서 그를 모시고(오라비라고 생각하면서), 정서적으로는 목가적이면서도 지혜를 사모하는 그런 사랑을 하고 싶다는 심정을 표현하고 있다.

술람미(독백)

"그렇다면 그(솔로몬)는 틀림없이 자기 왼손으로 내 머리에 베개를 하고, 오른손으로는 나를 안으려 했을 거야. 예루살렘 딸들이여! 제발 부탁하니 그가 나를 원하는 한, 나를 깨우지 말고 흔들지 말아 주세요!"(아가 8:3~4)

해설 여기에선 육적인 사랑을 상징하는 '노루와 들사슴' 이란 표현이 빠져 있다. 그리고 '그가' 라는 표현이 술람미 여인이 솔로몬에게 직접 한 말이 아니라, 예루살렘 여인들을 향한 마음속의 독백임을 말해 주고 있다.

거듭되는 솔로몬의 설득(說得)에 그동안 강 이편과 저편을 번갈아 건너며 갈등(葛藤)을 빚던 술람미는 조금씩 고개를 뒤로 돌리기 시작한다. 주위에서 이를 지켜보는 궁녀들도 애가 탄다. 솔로몬은 다시 그녀 앞으로 한 걸음을 내딛는다. 그리고 계속 그녀에 대한 사랑을 보내 준다.

잠시 후, 그녀의 눈물샘에서 자그마한 이슬방울이 맺히더니 조금씩 천천히 뺨 위로 흘러내린다. 숨을 죽이며 이를 지켜보던 예루살렘의 딸들에게서도 소리 없는 흐

느낌이 시작되었다. 마침내 술람미의 가슴속에서는 뭔가 자신을 사로잡는 사랑의 연가(戀歌)가 울려 난다. 그러자 그녀는 갑자기 솔로몬의 가슴 깊이에 자신의 얼굴을 묻는다. 그녀의 흐느끼는 소리가 통곡(痛哭)으로 변해 가기 시작한다. 궁녀들도 함께 울음소리를 높인다.

솔로몬(술람미를 가슴에 힘껏 안으며)
"내 사랑아! 내 사랑아!"

술람미와 궁녀들이 어울려 부르는 곡조(曲調) 없는 통곡(痛哭)의 노래는 한참이나 계속되었다.

노래가 끝나갈 즈음, 술람미의 가슴속에 아련히 떠오르는 그 뭔가가 있었다. 그녀가 처음 예루살렘을 방문하던 날, 솔로몬이 베풀어 준 연회장에서 자신의 머리 위로 휘날리던 바로 그 깃발이었다. 거기에는 '지혜와 사랑'이라는 글자가 새겨져 있었다.

술람미(고개를 숙인 채)

"이제야 알았습니다. 당신의 사랑은 지혜(智慧)였다는 것을! 당신은 지혜로 나를 사랑했습니다. 그 사랑은 죽음보다 강했습니다."

술람미(솔로몬의 눈을 바라보며)

"당신이 그때 꽂아 준 그 깃발이 바로 오늘 지금 나의 모습입니다."

예루살렘의 딸들(합창)

"(할렐루야!) 우리는 포도주보다 더 나은 당신의 사랑을 영원히 기억할 것입니다."

무엇이 그녀를 예루살렘으로 돌이킬 수 있었을까?

그것은 솔로몬의 지혜의 사랑이었다. 지혜는 단순한 감정이 아니다. 그것은 가장 고상한 이성의 표현이다. 만약 솔로몬의 사랑이 이성이 없는 감정만의 표현이었다면 그는 술람미에 대한 사랑을 일찌감치 포기했을 것이다.

술람미는 마침내 자신을 그토록 인내로 사랑했던 솔로몬의 사랑의 근본이 바로 지혜였다는 것을 알게 되었다. 그리하여 그녀는 세상의 모든 것을 버리고 솔로몬의 품에 영원히 안길 수 있었다.

"지혜(智慧)는 가장 소중한 것이다. 지혜를 얻어라. 그 어떤 것을 희생(犧牲)하고서라도 깨달음을 얻어라. 지혜를 찬양(讚揚)하라. 지혜가 너를 높일 것이다. 지혜를 고이 간직하라. 지혜가 너를 영화롭게 할 것이다. 지혜가 우아한 화관(花冠)을 네 머리에 씌우고 영광스러운 면류관(冕旒冠)을 너에게 줄 것이다."(잠 4:7~9)

제10막
승리의 노래

배경 예루살렘

레바논 술람미의 고향 마을에서 새로운 역사가 만들어지고 있는 동안, 예루살렘에서는 그들의 왕을 맞아들이기 위해 환영(歡迎)의 만찬(晩餐)을 준비하고 있다.

궁실의 비서실장 다말(Tamar)이 궁녀들에게 만반의 준비를 하도록 지시했다. 궁녀들이 모두 나와 왕의 귀환(歸還)을 기다리고 있다. 그들의 오른손에는 다윗의 깃발이, 왼손에는 종려(棕櫚)나무 가지가 들려 있다. 그리고 궁중악대와 합창대가 연주(演奏)를 준비하고 있다.

저녁이 시작될 무렵, 두 시간 여의 기다림 끝에 광야 저 멀리에서 말발굽 소리가 들려오고, 하얀 먼지 구름기둥이 석양(夕陽)에 물든 하늘 위로 치솟아 오른다. 점점 더 가까이 다가오는 마차 위에는 솔로몬의 오른팔에 몸을 기댄 한 여인이 보였다.

예루살렘의 딸들(예루살렘에서)

"저기 사랑하는 자에게 기대어 광야에서 올라오는 저 여인은 누구입니까?"(아가 8:5 전반)

궁녀들은 종려나무 가지를 흔들었다. 깃발도 흔들었다. 궁녀들의 환호(歡呼) 속에 궁중악대의 연주와 합창단의 노래 소리가 예루살렘 하늘 높이 울려 퍼진다.

예루살렘 합창대(시편 100:1~5)

1. 온 땅이여 여호와께 즐거운 찬송을 부를지어다.
   기쁨으로 여호와를 섬기며,
   노래하면서 그의 앞에 나아갈지어다.

2. 여호와가 우리 하나님이신 줄 너희는 알지어다.
그는 우리를 지으신 이요, 우리는 그의 것이니,
그의 백성이요, 그의 기르시는 양이로다.
3. 감사함으로 그의 문에 들어가며,
찬송함으로 그의 궁정에 들어가서,
그에게 감사하며, 그의 이름을 송축할지어다.
여호와는 선하시니 그의 인자하심이 영원하고,
그의 성실하심이 대대에 이르리로다.

술람미가 예루살렘으로 귀환(歸還)하던 그날 밤, 예루살렘 궁터에는 소와 양 그리고 포도주로 그녀를 환영하는 연회가 밤늦도록 그칠 줄을 몰랐다. 서산 위에 걸려 있던 석양(夕陽)도 자정을 넘어서야 그 산을 넘어갈 수 있었다.

성대한 잔치는 끝이 나고 그 이튿날 아침에는 하늘에서 천사들의 노래가 들려 온다.

술람미의 승리

천사들의 합창(시온의 영광이 빛나는 아침, 550장)

1. 시온의 영광이 빛나는 아침 어둡던 이땅이 밝아 오네.
   슬픔과 애통이 기쁨이 되니 시온의 영광이 비쳐 오네.
2. 시온의 영광이 빛나는 아침 매였던 종들이 돌아오네.
   오래전 선지자 꿈꾸던 복을 만민이 다같이 누리겠네.
3. 땅들아 바다야 모든 섬들아 찬양을 주님께 드리어라.
   싸움과 죄악의 참혹한 땅에 찬송이 하늘에 사무치네.

천사들의 노래 소리를 들으며, 술람미 여인은 솔로몬 앞에 새로운 삶에 대한 고백을 한다.

신부(술람미)

"사과나무 아래서 내가 당신을 깨웠었지요. 그 곳에서 당신의 어머니가 당신을 잉태(孕胎)하였고 그리고 해산(解産)의 진통을 가졌었지요. 이젠 나를 옥새(玉璽)같이 당신 마음에 두세요. 그리고 당신 팔 위에도. 사랑은 죽음처럼 강하고, 그 질투(嫉妬)는 음부처럼 잔인(殘忍)해요. 사랑이나 질투의 불꽃은 불의 화염처럼 타오르고 있어요. 마치 여호와의 화염처럼요. 사랑의 불꽃은 많은 물로도, 흐르는 강물로도 끌 수 없어요. 사람이 자기 모든 재산을 전부 바쳐 사랑을 하려 한들, 그는 사람들에게 멸시(蔑視)를 받고 또 받을 뿐이에요."(아가 8:5 후반~7)

해설 1 "사과나무 아래서 내가 당신을 깨웠었지요."

이는 술람미가 솔로몬과 두 번째 만남에서 했던 얘기를 상기시키고 있는 말이다.

"아들들 중에 나의 사랑하는 자(솔로몬)는 수풀 속의 한 그루 사과나무(솔로몬)예요. 난 그 님(솔로몬)의 그늘에 앉아 즐기고 있었어요. 그 님(솔로몬)의 열매는 내 입에 달콤했습니다."(아 2:3)

해설 2 "그곳에서 당신의 어머니(밧세바)가 당신을 잉태(孕胎)하였고 그리고 해산의 진통을 가졌었지요."

그곳은 곧 솔로몬이 태어난 곳이다. 즉 예루살렘 다윗 왕궁의 어느 한 장소다. 거기에는 숲이 있고 사과나무가 있었다.

해설 3 "이젠 나를 옥새(玉璽)같이 당신 마음에 두세요."

이제 나를 완전히 당신의 소유로 도장을 찍으라는 말이다. 내가 지금은 당신에게 모든 것을 다 바치고 있다는 마음의 표현이다. 솔로몬의 팔에 기대어 예루살렘으로 올라오던 모습이 자신을 모두 솔로몬(그리스도)에게 맡긴다는 말없는 말이었던 것이다.

해설 4 "사랑은 죽음처럼 강하고, 그 질투는 음부(陰府)처럼 잔인(殘忍)해요."

솔로몬은 술람미 여인을 향해 죽음처럼 강한 사랑을 보여 주었다. 그리고 한편으로 이 구절은 솔로몬이 목동을 사랑하는 술람미에게 심한 질투심을 가지고 있었다는 것을 말해 준다. 질투는 사랑의 다른 면이다. 그녀는 솔로몬이 자신을 사랑했던 것이 바로 여호와의 화염인 것을 알았다.

솔로몬은 당대 최고의 재력가였다. 하지만 멸시(蔑視) 받을 재물로 술람미 여인을 사랑했던 것이 아니다. 그는 지혜의 사랑으로 술람미 여인을 사랑했다. 이것이 아가서에 기록된 모든 말씀의 결론이다.

그런데 술람미가 여기에 오기까지 예루살렘 딸들(궁녀)이 한 일은 무엇이었나? 이를 한 마디로 요약해 주는 말이 다음 절에서 소개된다.

예루살렘의 딸들의 사명

예루살렘의 딸들

"우리에겐 아직 젖가슴이 없는 어린 누이가 있어요. 누군가 그에게 청혼이라도 하는 날이 오면, 우리는 그녀를 위해 무엇을 해야 한단 말인가요? 누이가 성벽이라면, 우린 그녀 위에 은으로 망대를 세울 것입니다. 그녀가 문이라면, 백향목 널판으로 그녀를 두

를 것입니다."(아가 8:8~9)

어린 누이

"나는 성벽, 내 젖가슴은 망대(望臺)랍니다. 그래서 나는 그대 보시기에 만족을 줄 거예요."(아가 8:10)

해설 아가 8장 9절과 8장 10절 사이에는 긴 공백이 있다. 즉 성장과정에 대한 얘기가 모두 빠져 있고 결과만을 언급하고 있는 것이다. 어린 누이는 예루살렘 딸들의 도움으로 젖가슴이 풍만해졌다. 이는 그들이 술람미를 도와 솔로몬의 신부가 되게 했던 것처럼, 계속해서 다른 아가씨들을 솔로몬의 신부로 만들어 가는 사명을 가지고 있다는 것을 보여 준다. 술람미 여인도 처음에는 젖가슴(유방)이 없는 어린 누이였다. 궁녀들이 해야 하는 사명은 제2의 술람미, 제3의 술람미를 만들어 내는 일이다. 그런데 젖가슴이 상징하는 것은 무엇일까?

젖은 어린 생명을 기르는 원천(源泉)이다. 어렸을 때 나는 어머니의 젖가슴에서 자라났다. 그런데 이젠 내가 어른이 되었다. 그래서 나의 어머니가 그랬듯, 나도 어린 생명을 길러야 한다. 그것은 선택이 아니라 의무이다.

그리스도 안에서는 여자나 남자가 따로 없다. 모두 어미가 될 뿐이다. "내가 얼마나 많은 자녀를 낳아 기를 수 있는가?" 하는 것은 우리 모두에게 아주 중요한 질문이다. 너와 나는 모두 생명을 낳고 기르는 어미가 되어야 한다.

그 나라에서 내가 받을 면류관(冕旒冠)은 "내가 살아생전 얼마나 많은 자녀들에게 생명의 어미가 되었나?" 하는 데 달렸다.

사도 바울은 이렇게 말한다.

"젖을 먹는 자마다 어린아이니 의의 말씀을 경험하지 못한 자요 단단한 음식은 장성한 자의 것이니 그들은 지각을 사용함으로 연단을 받아 선악을 분별하는 자들이니라."(히 5:13~14)

젖가슴이 없던 어린 누이가 예루살렘 딸들(하늘의 영들, 천사들)의 도움을 받아 큰 가슴을 가지게 되었던 것처럼, 우리도 성령의 도움으로 장성한 자가 되어야 한다.

목동의 운명

술람미 여인은 드디어 예루살렘 근처에 솔로몬이 은밀히 관리하고 있는 포도원(葡萄園)이 있다는 사실을 알게 되었다.

술람미 여인

"솔로몬에겐 바알하몬에 포도원 하나가 있었습니다. 그(솔로몬)는 자신의 포도원을 빌려 농사짓는 농부들에게 열매를 갖게 하는 대신, 각기 은 천 세겔씩 바치게 했습니다. 내 포도원은 내 마음대로 할 수 있답니다. 오, 솔로몬이시여! 천 세겔은 당신 것, 이백 세겔은 농부들 몫입니다."(아가 8:11~12)

해설 바알하몬은 '군중의 주인'이라는 의미를 지니고 있다. 솔로몬의 포도원은 실상 그 아버지(여호와)에게서 빌린 것이다. 술람미 여인은 처음엔 오빠들이 맡겨 준 포도원을 제대로 관리하지 않았다(아 1:6). 그러나 이제 그에게는 스스로 책임을 져야 하는 새로운 포도원이 생겼다. 그곳은 세상이 주는 포도원이 아니다. 솔로몬(그리스도)이 그녀(우리)에게 준 것이다.

술람미 여인은 솔로몬의 포도원지기가 되어 포도원을 성실하게 잘 관리(管理)하면서, 자신의 삶을 살아가고 있었다. 해가 거듭되면서 그녀의 성실한 모습은 여러 사람들에 의해 입에서 입으로, 귀에서 귀로 전해지면서 멀리 전파되어 나갔다. 마침내는 그녀의 옛 친구 목동에게도…….

이제 드라마틱한 장면이 다시 연출된다. 술람미가 예루살렘으로 왔다고 해서 – 아니, 솔로몬의 신부가 되었다고 해서 – 목동과의 사랑이 끝난 것은 아니다. 만일 이대로 그와의 관계가 끝나는 것이라면, 술람미는 솔로몬과 결혼을 함으로써 목동에 대한 기억을 지울 수는 있다고 해도, 그녀를 향한 목동의 사랑의 열망은 비극(悲劇)이 되고 말 것이다. 그러나 결말은 그렇지 않았다.

목동

"동산에 거하는 그대여(술람미 여인아)! 동무들(친구 목동들)이 그대 말소리에 귀를 기울이고 있으니, 나 또한 그대의 말소리를 듣게 해 주오."(아가 8:13)

해설 동산은 솔로몬 동산이다. 목동이 예전에는 술람미 여인을 부를 때 "내 사랑아! 나의 비둘기야!" 하면서 낭만적인 표현을 했다. 그러나 지금은 "동산에 거하는 그대여!"라는 호칭으로 그녀를 부르고 있다. 이는 목동 또한 그 마음에 새로운 변화가 일어났음을 암시해 주는 것이다.

목동은 지금 지난날의 연인으로서가 아니라, 존경스러운 모습의 그 여인의 목소리를 듣고 싶은 것이다. 목동의 친구들도 술람미의 새로운 삶에 관하여 이미 들은 바가 있다. 이런 간절한 부르짖음이 드디어는 솔로몬 동산에 있는 술람미에게 전달(傳達)되었다. 그래서 그녀는 그리스도의 사랑으로 목동(牧童)에게 손짓을 하며 빨리 오라고 재촉을 한다.

필자는 초두에 '목동'을 '그리스도의 상징'이라고 이

해해서는 안 된다는 언급을 한 바 있다. 왜 그렇게 말했는지를 이제 여러분들은 명백하게 알게 되었을 것이다. 이 구절에서 목동이 그리스도라면, 지금 그리스도가 솔로몬 동산에 있는 여인 술람미를 향하여 이런 애원을 하고 있다는 아주 별스러운 결론에 이르게 된다. 여기서 목동은 평범한 인간, 말 그대로 목동일 뿐이다. 더군다나 여기 있는 목동의 친구들도 또 다른 목동들이다. 그렇다면, 이들도 또 다른 그리스도가 된다는 말인가?

아가시에서는 솔로몬만이 그리스도의 그림자다. 목동은 오히려 술람미가 솔로몬에게로 가는 것을 잡아끌고 있는 대립적인 관계에 있던 인물이다. 이 점을 독자 여러분들이 다시 한 번 마음에 새겼으면 한다.

술람미 여인

"나의 사랑하는 자여! 빨리 오세요. 향나무 우거진 산과 들을 달리는 노루나 젊은 수사슴처럼 달려오세요."(아가 8:14)

해설 술람미는 말한다.

"지금부터는 우리가 이토록 아름다운 솔로몬 동산에서 새로운 사랑을 시작하자!"

이는 그리스도 안에서의 구애(求愛)의 외침이다. 그런데 그녀가 어떤 심정으로 목동에게 구애를 하고 있을까?

술람미 여인은 지금 '솔로몬의 포도원을 관리하는 자' 로서 옛 연인(목동)을 초대(招待)하고 있다. 그 또한 자신처럼 솔로몬 동산의 포도원지기가 되기를 바라는 마음에서…….

술람미와 목동은 서로에게 사랑의 배신자(背信者)가 아니었다. 그들의 사랑이 끝난 것이 아니다. 그들의 처음 사랑은 레바논 산기슭에서 시작되었다. 그러나 지금은 솔로몬 동산에서 새로운 사랑, 그리스도 안에서의 사랑을 시작하게 된 것이다.

술람미와 목동, 그들의 이별은 새로운 만남으로 변신했다. 사랑의 패배자가 아니라, 승리자로 거듭난 것이다.

맺는 말

성경의 전체 주제는 잃어버린 낙원을 찾아 회복하는 것이다. 이 낙원은 예수 그리스도가 왕으로 재림할 때 완성이 된다. 구약시대의 계시인 솔로몬 왕의 포도원은 에덴 동산의 그림자다. 요한계시록은 에덴 동산의 회복으로 끝이 난다.

지금까지 우리는 솔로몬(신랑)과 술람미(신부)가 그리스도와 교회(성도)의 관계를 예시하고 있다는 것을 알게 되었다.

그런데 그리스도에게는 세 가지 직분이 있다. 첫째가 제사장이요, 둘째가 선지자이다. 그리고 세 번째가 왕이다.

제사장은 그리스도의 십자가 사건(유월절)과 관련이 있으며, 선지자는 오순절 성령강림과 그리고 왕은 재림(초막절)과 관련이 있다. 우리의 신랑은 제사장이나 선지자가 아니다. 왕이신 그리스도, 그가 곧 우리의 신랑이 된다. 즉 재림의 나팔 소리와 더불어 그리스도가 왕으로 강림할 때, 그가 곧 교회(성도들)의 신랑이 되는 것이다(계 19장).

하지만 신실하게 주를 믿고 따르는 모든 의인들(성도들)은 이미 그의 신부(新婦)가 되었다는 사실도 아울러 기억해야 할 것이다.

지금까지 드라마 '솔로몬의 사랑, 술람미(아가서 해설)'를 시청해 주신 여러분들에게 그리스도의 은혜가 함께 하시기를 진심으로 기원한다.

The song of songs

제 3 부
한영대역본

여호와의 불꽃

아가서 한영 대역본

최신 저자 번역본		King James Version
제 1 장		chapter one
솔로몬이 지은 최고의 노래라.	1	The song of songs, which is Solomon's
그(솔로몬)가 내게 입 맞추도록 해주세요! 당신(솔로몬)의 사랑은 포도주보다 더 달콤하니까요.	2	Let him kiss me with the kisses of his mouth : for thy love is better than wine.
당신의 기름짐이 향기롭고 아름답습니다. 당신의 이름은 부어 놓은 기름입니다. 그래서 아가씨들이 당신을 사랑하는군요.	3	Because of the savour of thy good ointments, thy name is as ointment poured forth, therefore do the virgins love thee.

4 나를 데려가라! 우리는 따라 가겠다. 왕이 나를 그의 침실로 데리고 갔습니다. 우리는 당신 안에서 기쁘고 즐거워하렵니다. 우리는 포도주보다 더 나은 당신의 사랑을 기억할 것입니다. 의로운 자들은 모두 항상 당신을 사랑합니다.

Draw me, we will run after thee : the king hath brought me into his chambers : we will be glad and rejoice in thee, we will remember thy love more than wine : the upright love thee.

5 예루살렘 딸들이여! 내가 비록 검긴 하지만 게달의 장막처럼 그리고 솔로몬의 휘장들처럼 아름답습니다.

I am black, but comely, O ye daughters of Jerusalem, as the tents of Kedar, as the curtains of Solomon.

6 내가 검다고 해서 나를 업신여기지는 마세요. 햇볕에 그을렸을 뿐입니다. 내 어미의

Look not upon me, because I am black, because the sun hath

아들들이 내게 노하여 나를 포도원지기로 만들었습니다. 하지만 난 포도원을 성실하게 관리하지 못했습니다.

looked upon me : my mother's sons were angry with me; they made me the keeper of the vineyards ; but mine own vineyard have I not kept.

7 내 영혼이 사랑하는 그대여! 어디서 양 떼를 먹이고 있는지? 그리고 한낮에는 어디서 양 떼를 쉬게 하시는지 말해 주세요! 내가 왜 베일로 얼굴을 가린 채, 당신 아닌 당신 친구들의 양 떼들 사이에서 당신을 찾아 헤매야 한단 말입니까?

7 Tell me, O thou whom my soul loveth, where thou feedest, where thou makest thy flock to rest at noon : for why should I be as one that turneth aside by the flocks of thy companions?

8 아름다운 여인 중의 여인, 술

8 If thou know not, O thou

람미 여인아! 그대의 사랑을 찾으려면, 양 떼가 걷는 길들을 따라가 보세요! 그리고 목동들의 천막들 곁에 그대의 어린 염소들을 놓아기르세요.

fairest among women, go thy way forth by the footsteps of the flock, and feed thy kids beside the shepherds' tents.

9 내 사랑, 나의 여인이여! 그대는 파라오의 병거를 끌고 가는 암말 같구려!

I have compared thee, O my love, to a company of horses in Pharaoh's chariots.

10 그대의 볼은 드리워진 머리채로, 그대의 목덜미는 구슬꿰미로 아름답구려.

Thy cheeks are comely with rows of jewels, thy neck with chains of gold.

11 우리가 아름다운 그대에게 은을 박은 금목걸이를 만들어 드리겠습니다.

We will make thee borders of gold with studs of silver.

왕은 둥그런 의자에 앉아 있는 데, 나의 나드(nard)향에서 향기가 뿜어져 나왔습니다.	12	While the king is in his circle, my spikenard sendeth forth the smell thereof.
나의 사랑하는 자는 내 가슴에 품고 있는 몰약향 주머니 같아요. 그를 내 가슴 사이에 눕게 하렵니다.	13	A bundle of myrrh is my well-beloved unto me ; he shall lie all night betwixt my breasts.
내 사랑 당신은 엔게디 포도원에서 가져온 고벨화 꽃송이 같아요.	14	My beloved is unto me as a cluster of camphire in the vineyards of Engedi.
내 사랑, 나의 여인이여! 그대는 정말 아름답고, 아름답구려! 그대 두 눈은 비둘기 같소.	15	Behold, thou art fair, my love; behold, thou art fair ; thou hast doves' eyes.

16 보라, 나의 사랑하는 자는 진정 멋스러워요. 우리의 침실은 푸른 잔디에요.

Behold, thou art fair(beautiful), my beloved, yea, pleasant: also our bed is green.

17 우리 집 들보는 백향목이고요, 우리 집 서까래는 전나무랍니다.

The beams of our house are cedar, and our rafters of fir.

제 2 장

chapter two

1 나는 샤론의 수선화요, 골짜기의 백합화입니다.

I am the rose of Sharon, and the lily of the valleys.

2 가시덤불 가운데 한 송이 백합처럼, 그대는 딸들 중에 백합이오.

As the lily among thorns, so is my love among the daughters.

아들들 중에 나의 사랑하는 자는 수풀 속의 한 그루 사과나무예요. 난 그 님의 그늘에 앉아 즐기고 있었어요. 그 님의 열매는 내 입에 달콤했습니다.

3 As the apple tree among the trees of the wood, so is my beloved among the sons. I sat down under his shadow with great delight, and his fruit was sweet to my taste.

그가 나를 그 연회장으로 데리고 갔었습니다. 내 위에 펄럭이는 깃발은 나를 향한 그 님의 사랑이었고요.

4 He brought me to the banqueting house, and his banner over me was love.

나는 (지금) 사랑 때문에 병들어 있습니다. 건포도빵으로 기운을 북돋워 주세요. 그리고 사과로 새 힘을 주세요.

5 Stay me with flagons, comfort me with apples : for I am sick of love.

솔로몬, 그가 지금 왼팔 위에 나를 눕혀 놓고, 오른팔로는 나를 안아 주고 있어요.	6	His left hand is under my head, and his right hand doth embrace me.
예루살렘 딸들이여! 내가 노루와 들사슴으로 당신들에게 부탁합니다. 제발 내 사랑이 원할 때까지 나를 깨우지 마세요. 제발요.	7	I charge you, O ye daughters of Jerusalem, by the roes, and by the hinds of the field, that ye stir not up, nor awake my love, till he please.
나의 사랑하는 자(목동)의 목소리가 들리는구나. 보라, 그가 산 위에서 펄쩍 뛰고, 언덕을 빨리 넘어 내게로 오는구나.	8	The voice of my beloved! behold, he cometh leaping upon the mountains, skipping upon the hills.
그가 뛰어오는 모습이 노루와	9	My beloved is like a roe or

도 같고 어린 수사슴과도 같아요. 그가 우리 벽 뒤에 서서 격자 달린 창문을 통해 엿보고 있어요.

a young hart : behold, he standeth behind our wall, he looketh forth at the windows, shewing himself through the lattice.

나의 사랑하는 자, 그(목동)가 말했습니다. "내 사랑아, 일어나라! 내 어여쁜 자야, 이리 오라!"

10 My beloved spake, and said unto me, Rise up, my love, my fair one, and come away.

자, 이제 겨울도 지났고 비도 지나가고,

11 For, lo, the winter is past, the rain is over and gone ;

땅 위에는 꽃들이 피어나고, 새들이 노래하는 시절이 왔구나. 땅에서 산비둘기 소리가 들리지 않는가?

12 The flowers appear on the earth; the time of the singing of birds is come, and the voice of the turtle

is heard in our land ;

무화과나무에는 열매가 달리기 시작했고, 이제 막 새싹이 돋는 포도나무들은 그 향기를 풍기고 있구나! 내 사랑아, 일어나라! 내 어여쁜 자야, 내게로 오라!

13 The fig tree putteth forth her green figs, and the vines with the tender grape give a good smell. Arise, my love, my fair one, and come away.

바위 틈 절벽의 은신처에 숨은 나의 비둘기야, 네 모습을 보여 주려무나. 네 목소리를 들려주렴. 네 목소리는 감미롭고 네 모습은 정말 아름답다!

14 O my dove, that art in the clefts of the rock, in the secret places of the stairs, let me see thy countenance, let me hear thy voice; for sweet is thy voice, and thy countenance is comely.

우리를 위해 여우 떼를 잡으세요! 포도원을 망치는 작은 여우들을요. 우리 포도원 나무들이 이제 꽃을 피웠기 때문이에요.

15 Take us the foxes, the little foxes, that spoil the vines : for our vines have tender grapes.

나의 사랑하는 자는 나의 것이요. 나는 그의 것. 그가 백합꽃들 가운데서 양을 치고 있어요.

16 My beloved is mine, and I am his : he feedeth among the lilies.

나의 사랑하는 자야! 날이 저물고, 그림자가 지기 전에 돌아와서 베테르 산에서 뛰어노는 노루와 어린 수사슴처럼 함께 놀아요.

17 Until the day break, and the shadows flee away, turn, my beloved, and be thou like a roe or a young hart upon the mountains of Bether.

제 3 장		chapter three
밤마다 침상에서 내 영혼이 사랑하는 그를 찾으려 했지만, 그를 찾지 못했어요.	1	By night on my bed I sought him whom my soul loveth: I sought him, but I found him not.
'이제 일어나 도성의 거리와 광장으로 나가서 내 영혼이 사랑하는 그를 찾으리라.' 하고 이리 저리 헤매었지만, 결국 찾지를 못했습니다.	2	I will rise now, and go about the city in the streets, and in the broad ways I will seek him whom my soul loveth: I sought him, but I found him not.
성읍을 순찰하는 파수꾼을 만났습니다. 그들에게 물어보았습니다. '당신들, 혹시 내 영혼이 사랑하는 그 님을 보셨	3	The watchmen that go about the city found me : to whom I said, Saw ye him whom my soul loveth?

나요?'

그들을 지나치자마자, 내 영혼이 사랑하는 그 사람을 찾았습니다. 그리고는 그를 붙잡아 내 어머니의 집으로 데리고 왔습니다. 나의 어머니가 나를 잉태했던 바로 그 방으로.

4 It was but a little that I passed from them, but I found him whom my soul loveth : I held him, and would not let him go, until I had brought him into my mother's house, and into the chamber of her that conceived me.

예루살렘 딸들이여! 내가 노루와 들사슴으로 당신들에게 부탁합니다. 제발, 내 사랑하는 자가 원할 때까지 나를 깨우지 말아 주세요.

5 I charge you, O ye daughters of Jerusalem, by the roes, and by the hinds of the field, that ye stir not up, nor awake my love, till he please.

6 마치 연기 기둥같이, 몰약과 유향과 상인들의 분말 향을 풍기며, 광야에서부터 올라오는 이는 누구신가요?

Who is this that cometh out of the wilderness like pillars of smoke, perfumed with myrrh and frankincense, with all powders of the merchant?

7 보세요, 그것은 솔로몬이 타고 오는 가마(침대)입니다. 이스라엘 용사 육십 명이 호위(護衛)하고 있습니다.

Behold his bed, which is Solomon's; threescore valiant men are about it, of the valiant of Israel.

8 그들은 모두 칼을 잡은 전쟁 용사들입니다. 밤이 두려워 각자 옆구리에 칼을 차고 있습니다.

They all hold swords, being expert in war : every man hath his sword upon his thigh because of fear in the night.

솔로몬 왕은 레바논의 목재로 지기가 탈 가마를 만들었습니다.

9 King Solomon made himself a chariot of the wood of Lebanon.

그 기둥들은 은으로, 바닥은 금으로 만들었고요, 그 의자에는 자줏빛 천을 깔고, 내부는 예루살렘 딸들의 사랑이 수놓여 있습니다.

10 He made the pillars thereof of silver, the bottom thereof of gold, the covering of it of purple, the midst thereof being paved with love, for the daughters of Jerusalem.

시온의 딸들이여! 나와서 면류관을 쓴 솔로몬 왕을 보세요! 그의 결혼식 날, 그의 마음이 설레던 날, 그의 모친이 그의 머리에 씌워 준 것이랍니다.

11 Go forth, O ye daughters of Zion, and behold king Solomon with the crown wherewith his mother crowned him in the day of his espousals, and in the

day of the gladness of his heart.

제 4 장 / chapter four

1 내 사랑 그대는 아름답고 아름답구려! 너울 속 그대의 두 눈은 비둘기 같고, 그대 머리는 길르앗 산에서 내려오는 염소 떼 같소!

1 Behold, thou art fair, my love; behold, thou art fair; thou hast doves' eyes within thy locks: thy hair is as a flock of goats, that appear from mount Gilead.

2 그대 이는 털을 깎고 목욕시킨 흰 양 떼들 같소. 각기 짝을 이뤄, 하나도 어긋난 것이 없구려.

2 Thy teeth are like a flock of sheep that are even shorn, which came up from the washing; whereof every one bear twins, and none is barren among

them.

3 그대 입술은 자색 실 같고, 말하는 그대 입은 어여쁘고, 너울 속 그대 두 뺨(관자놀이)은 석류 한 쪽 같구려.

Thy lips are like a thread of scarlet, and thy speech is comely: thy temples are like a piece of a pomegranate within thy locks.

4 그대 목은 빼어나게 아름다워서, 용사들의 방패 천 개를 두려고 건축한 다윗 성 망대 같소.

Thy neck is like the tower of David builded for an armoury, whereon there hang a thousand bucklers, all shields of mighty men.

5 그대의 두 젖가슴은 새끼 사슴 한 쌍 같고, 백합화 꽃밭에서 풀을 뜯는 쌍둥이 노루와

Thy two breasts are like two young roes that are twins, which feed among

도 같소.

the lilies.

날이 저물고 땅거미가 지기 전, 나는 몰약 산 유향 언덕으로 가리이다.

6 Until the day break, and the shadows flee away, I will get me to the mountain of myrrh, and to the hill of frankincense.

나의 사랑, 여인이여! 그대는 정말 아름답구려. 그대에게는 흠도 하나 없소이다.

7 Thou art all fair, my love; there is no spot in thee.

나의 신부여! 레바논에서 나와 같이 갑시다. 아마나 산꼭대기에서, 스닐 산 정상에서, 헤르몬 산꼭대기에서 내려오시오. 사자 굴에서, 표범들이 들끓는 산에서 내려오시오.

8 Come with me from Lebanon, my spouse, with me from Lebanon: look from the top of Amana, from the top of Shenir and Hermon, from the lions'

dens, from the mountains of the leopards.

9 나의 누이, 나의 신부여! 그대가 내 마음을 빼앗았소. 그대 눈짓 한 번에, 그대 보석 목걸이에 그만 반했소.

Thou hast ravished my heart, my sister, my spouse; thou hast ravished my heart with one of thine eyes, with one chain of thy neck.

10 나의 누이, 나의 신부여! 그대 사랑이 얼마나 달콤한지. 그대 사랑은 포도주보다 달콤하고 그대 향기는 어떤 향수보다 향기롭소.

How fair is thy love, my sister, my spouse! how much better is thy love than wine! and the smell of thine ointments than all spices!

11 나의 신부여! 그대 입술에서

Thy lips, O my spouse,

는 송이 꿀 같은 달콤함이 흘러나오고, 그대 혓바닥 아래에는 젖과 꿀이 있소. 그대 옷에서 풍기는 향기는 레바논의 향기와도 같소.

drop as the honeycomb : honey and milk are under thy tongue ; and the smell of thy garments is like the smell of Lebanon.

12 나의 누이, 나의 신부여! 그대는 닫힌 동산이오. 또 그대는 덮어 놓은 우물이오. 그리고 울타리를 두른 샘이오.

A garden inclosed is my sister, my spouse ; a spring shut up, a fountain sealed.

13 그대 식물은 석류들과 최상품 과실들과 나도화와

Thy plants are an orchard of pomegranates, with pleasant fruits; henna with spikenard,

14 번홍화와 창포와 계수나무와 향나무들과 몰약과 침향과 가

Spikenard and saffron ; calamus and cinnamon,

장 귀한 향료들이오.		with all trees of frankincense; myrrh and aloes, with all the chief spices :
그대는 동산의 샘, 생수가 솟는 우물, 레바논에서 흐르는 시내요.	15	A fountain of gardens, a well of living waters, and streams from Lebanon.
북풍아 깨어라! 남풍아 일어나라! 내 동산으로 불어와 그 향기가 널리 퍼지게 해 다오. 그리하여 내 사랑 그 님(목동)이 그 동산에 들어가 그 최상품 과실들을 맛보게 해 주오.	16	Awake, O north wind ; and come, thou south ; blow upon my garden, that the spices thereof may flow out. Let my beloved come into his garden, and eat his pleasant fruits.

제 5 장		chapter five
나의 누이, 나의 신부여! 내가 내 동산에 들어와서, 내 향품과 몰약을 모으고, 내 꿀송이와 내 꿀을 따 먹고, 포도주와 우유도 마셨소. 오, 나의 친구들아! 나의 사랑하는 자들아! 맘껏 먹고 마셔요.	1	I am come into my garden, my sister, my spouse : I have gathered my myrrh with my spice ; I have eaten my honeycomb with my honey ; I have drunk my wine with my milk : eat, O friends; drink, yea, drink abundantly, O beloved.
나는 잘지라도 마음은 깨어 있습니다. 그때 나의 사랑하는 자의 문 두드리는 소리가 들려옵니다. "나의 누이, 내 사랑아! 너는 내 비둘기, 내	2	I sleep, but my heart waketh : it is the voice of my beloved that knocketh, saying, Open to me, my sister, my love, my dove,

완전한 자란다. 그대 어서 문 좀 열어 다오. 내 머리가 이슬에 젖었고, 내 머리털도 밤이슬에 촉촉하단다."

my undefiled : for my head is filled with dew, and my locks with the drops of the night.

3 난 지금 옷을 벗고 있어요. 그런데 어떻게 다시 입을 수 있어요? 난 발을 이미 씻었어요. 그런데 어떻게 다시 발을 더럽히란 말인가요?

I have put off my coat ; how shall I put it on? I have washed my feet ; how shall I defile them?

4 나의 사랑하는 자가 문틈으로 자기 손을 들이 내밀었습니다. 그러자 내 속이 움찔거렸어요.

My beloved put in his hand by the hole of the door, and my bowels were moved for him.

5 그래서 일어나 나의 사랑하는 자를 위해 문을 열었습니다.

I rose up to open to my beloved; and my hands

그때 내 두 손에선 몰약즙이 뚝뚝 떨어지고 있었습니다.그리고 몰약이 떨어지는 그 손가락으로 문고리를 잡았습니다.

dropped with myrrh, and my fingers with sweet smelling myrrh, upon the handles of the lock.

6 나의 사랑하는 자를 위하여 문을 열었습니다. 그러나 그는 이미 떠나 버렸어요. 그가 말할 때, 아마 내 혼이 나갔었나 봅니다. 그래서 밖으로 나가 그를 찾고자 했지만, 찾지 못했습니다. 그 이름을 불러도 보았지만, 대답이 없었습니다.

I opened to my beloved ; but my beloved had withdrawn himself, and was gone : my soul failed when he spake : I sought him, but I could not find him; I called him, but he gave me no answer.

7 순찰자들이 성읍을 돌다가 나를 발견했어요. 그들은 나를

The watchmen that went about the city found me,

때리고, 상처를 입혔습니다. 성벽을 지키던 파수꾼들이 내 겉옷을 그만 벗겨 버렸습니다.

they smote me, they wounded me ; the keepers of the walls took away my veil from me.

예루살렘 딸들이여! 내가 부탁합니다. 혹시 나의 사랑하는 자를 만나거든 내가 사랑 때문에 병이 났다고 전해 주세요.

8 I charge you, O daughters of Jerusalem, if ye find my beloved, that ye tell him, that I am sick of love.

여자들 중에서 가장 아름다운 아가씨여! 당신의 사랑하는 자가 남의 사랑하는 자보다 나은 것이 무엇이죠? 당신의 사랑하는 자가 남의 사랑하는 자보다 무엇이 남달라 우리에게 그렇게 부탁하는 거죠?

9 What is thy beloved more than another beloved, O thou fairest among women? what is thy beloved more than another beloved, that thou dost so charge us?

나의 사랑하는 자는 희고도 붉어 일 만의 사람보다 뛰어나답니다.

10 My beloved is white and ruddy, the chiefest among ten thousand.

그의 머리는 정금 같고, 그의 머리털은 곱슬곱슬하고 검기가 까마귀 같아요.

11 His head is as the most fine gold, his locks are bushy, and black as a raven.

그의 두 눈은 우유로 목욕하고 강가에 앉아 있는 비둘기 같고, 아름답게 박혔어요.

12 His eyes are as the eyes of doves by the rivers of waters, washed with milk, and fitly set.

그의 두 볼은 향기를 토해내는 꽃밭 같고요, 그의 입술은 몰약을 떨어뜨리는 백합화 같답니다.

13 His cheeks are as a bed of spices, as sweet flowers : his lips like lilies, dropping sweet smelling myrrh.

그 두 손은 황옥이 박힌 고리 같아요. 그리고 그의 몸은 청옥으로 장식한 상아 같아요.

14 His hands are as gold rings set with the beryl : his belly is as bright ivory overlaid with sapphires.

그의 두 다리는 정금 받침에 세운 대리석 기둥 같고, 그 얼굴은 레바논 같고, 백향목처럼 멋지답니다.

15 His legs are as pillars of marble, set upon sockets of fine gold : his countenance is as Lebanon, excellent as the cedars.

그의 입은 달콤하기 그지없어요. 그의 모습은 정말 멋져요. 예루살렘 딸들이여! 나의 사랑하는 자, 내 친구가 바로 이런 사람이랍니다.

16 His mouth is most sweet: yea, he is altogether lovely. This is my beloved, and this is my friend, O daughters of Jerusalem.

제 6 장		chapter six
여인들 중에 가장 아름다운 술람미 여인이여! 그대 사랑은 어디로 갔나요? 어디에 있는지 알면, 우리가 당신과 함께 그를 찾아 나설 것입니다.	1	Whither is thy beloved gone, O thou fairest among women? whither is thy beloved turned aside? that we may seek him with thee.
나의 사랑하는 자는 자기 동산, 향기로운 꽃밭으로 내려갔을 거예요. 거기서 양 떼를 먹이고, 백합화를 모으고 있을 겁니다.	2	My beloved is gone down into his garden, to the beds of spices, to feed in the gardens, and to gather lilies.
나는 나의 사랑하는 자에게 속하였고, 그는 내게 속했습니다. 그가 백합화 가운데서	3	I am my beloved's, and my beloved is mine : he feedeth among the

양 떼를 먹이고 있습니다.

lilies.

나의 사랑아! 그대는 디르사 같이 아름답고, 예루살렘 같이 사랑스러우며 깃발을 날리는 군대처럼 당당하구려!

4 Thou art beautiful, O my love, as Tirzah, comely as Jerusalem, terrible as an army with banners.

그대 두 눈을 내게서 돌리시오! 그대의 눈이 나를 삼킬 듯하오. 그대 머리털은 길르앗에서 내려오는 염소 떼 같소.

5 Turn away thine eyes from me, for they have overcome me: thy hair is as a flock of goats that appear from Gilead.

그대 이는 새로 목욕한 양 떼 같소. 모두 짝이 있고, 하나도 어긋나지 않았소.

6 Thy teeth are as a flock of sheep which go up from the washing, whereof every one beareth twins, and there is not one

barren among them.

너울 속 그대의 두 뺨은 쪼개 놓은 석류 한 쪽 같소.

7 As a piece of a pomegranate are thy temples within thy locks.

왕후가 육십 명, 후궁이 팔십 명, 궁녀들은 셀 수도 없이 많지만,

8 There are threescore queens, and fourscore concubines, and virgins without number.

나의 비둘기, 나의 완전한 자는 오직 하나뿐. 그 모친의 외동딸, 그녀를 낳은 자가 귀중히 아끼는 자. 예루살렘 딸들은 그녀를 보고 복되다 하고, 왕후들과 후궁들도 모두 그녀만 칭찬하네.

9 My dove, my undefiled is but one ; she is the only one of her mother, she is the choice one of her that bare her. The daughters saw her, and blessed her ; yea, the queens and the

concubines, and they praised her.

10 새벽(빛)같이 솟아오르고, 달처럼 아름답고, 해같이 명료하며, 깃발을 든 군병처럼 위엄 있는 이 여인은 대체 누구란 말인가?

Who is she that looketh forth as the morning, fair as the moon, clear as the sun, and terrible as an army with banners?

11 골짜기(급류계곡)에 돋아난 새싹을 보려고, 포도나무에 싹이 돋았는지, 석류나무에 꽃이 피었는지 보려고, 호두 동산으로 내려갔습니다.

I went down into the garden of nuts to see the fruits of the valley, and to see whether the vine flourished and the pomegranates budded.

12 나도 몰래, 내 영혼이 나를 고귀한 내 백성의 병거에 태웠

Or ever I was aware, my soul made me like the

습니다.

chariots of Amminadib. I did not know, my soul set me on the chariots of my people

13 돌아오라! 돌아오라! 술람미 여인아! 그대가 보고 싶으니, 제발 돌아와 주세요.

13 Return, return, O Shulamite ; return, return, that we may look upon(gaze upon) thee.

14 술람미 여인에게서 뭘 보려느냐? 그녀가 마치 마하나임 앞에서 춤을 추고 있는 무희(舞姬)라도 된다는 말이오?

14 What will ye see in the Shulamite? As it were upon a dance before two armies?

제 7 장		chapter seven
오, 귀한 자의 딸이여, 신발을 신은 그대 두 발이 어찌나 아름다운지. 그대의 멋진 두 다리는 보석 세공인이 공들여 만든 보석 같습니다.	1	How beautiful are thy feet with shoes, O prince's daughter! the joints of thy thighs are like jewels, the work of the hands of a cunning workman.
그대 배꼽은 혼합 포도주를 가득 채운 둥근 잔이며, 그대 허리는 백합화로 둘러싸인 밀짚단 같아요.	2	Thy navel is like a round goblet, which wanteth not liquor : thy belly is like an heap of wheat set about with lilies.
그대 두 젖가슴은 두 새끼 사슴, 노루 한 쌍 같이 아름답습니다.	3	Thy two breasts are like two young roes that are twins.

그대 목은 상아 망대 같고, 그 대 두 눈은 헤스본 성읍의 바드랍빔 문 곁의 연못 같고요, 그대 코는 다마스커스를 향한 레바논 망대 같고요.

4 Thy neck is as a tower of ivory ; thine eyes like the fishpools in Heshbon, by the gate of Bathrabbim : thy nose is as the tower of Lebanon which looketh toward Damascus.

그대 머리는 갈멜 산 같고, 늘어뜨린 머리카락은 자줏빛이네요. 왕께서도 그대의 머리채(늘어뜨린 머리털)에 마음을 빼앗겼습니다.

5 Thine head upon thee is like Carmel, and the hair of thine head like purple ; the king is held in the galleries.

오 내 사랑, 술람미 여인이여! 당신은 정말 아름답고, 정말 매혹적이오.

6 How fair and how pleasant art thou, O love, for delights!

당신은 종려나무처럼 키가 크고, 당신의 가슴은 그 열매 송이 같구려.

7 This thy stature is like to a palm tree, and thy breasts to clusters of grapes.

난 종려나무에 올라, 그 열매를 잡으리라고 혼자 말했소. 그대 젖가슴이 포도송이들 같다면, 그대 콧김은 사과향 같소.

8 I said, I will go up to the palm tree, I will take hold of the boughs thereof : now also thy breasts shall be as clusters of the vinc, and thc smell of thy nose like apples ;

그대 입은 최상급 포도주 같고, 그 포도주는 나의 사랑하는 자를 위하여 술술 흘러내려서 그 입술을 다시게 합니다.

9 And the roof of thy mouth like the best wine for my beloved, that goeth down sweetly, causing the lips of those that are asleep to speak.

나는 나의 사랑하는 자(목동)의 것입니다. 그가 나를 사모하고 있습니다.	10	I am my beloved' s, and his desire is toward me.
나의 사랑하는 자야! 우리 들로 가서, 마을에서 한밤을 지내요.	11	Come, my beloved, let us go forth into the field ; let us lodge(stay) in the villages.
우리 일찍 일어나 포도원으로 가서, 포도나무에 싹이 돋았는지, 꽃이 활짝 피었는지, (또) 석류꽃이 피었는지 살펴봐요. 거기서 그대에게 내 사랑을 드리겠어요.	12	Let us get up early (in)to the vineyards ; let us see if the vine flourish, whether the tender grape appear, and the pomegranates bud forth: there will I give thee my loves.
합환채가 그 향기를 발하고,	13	The mandrakes give a

우리 문 앞에는 온갖 귀한 실과들이 있어요. 그것들은 모두 내가 당신을 위해 준비한 것들이에요, 햇것도 있고 묵은 것도 있어요.

smell, and at our gates are all manner of pleasant fruits, new and old, which I have laid up for thee, O my beloved.

제 8 장

chapter eight

당신이 내 어머니의 젖을 먹고 자란 형제라면, 밖에서 내가 그대를 만나 입 맞추어도, 아무도 날 멸시하려 하지 않았을 거예요.

1 O that thou wert as my brother, that sucked the breasts of my mother! when I should find thee without, I would kiss thee; yea, I should not be despised.

나는 당신을 모셔서, 내 어머니의 집으로 인도하려 했을

2 I would lead thee, and bring thee into my

테고요. 그리고 당신은 나를 가르쳤을 거예요. 나는 당신에게 향기로운 포도주, 곧 내 석류즙을 마시게 했을 거구요.

mother' s house, who would instruct me : I would cause thee to drink of spiced wine of the juice of my pomegranate.

3 그렇다면, 그는 틀림없이 자기 왼손으로 내 머리에 베개를 하고, 오른손으로는 나를 안으려 했을 거야.

His left hand should be under my head, and his right hand should embrace me.

4 예루살렘 딸들이여! 제발 부탁하니 그가 나를 원하는 한, 나를 깨우지 말고, 흔들지 말아 주세요.

I charge you, O daughters of Jerusalem, that ye stir not up, nor awake my love, until he please.

5 저기 사랑하는 자에게 기대어 광야에서 올라오는 저 여인은

Who is this that cometh up from the wilderness,

누구입니까? 사과나무 아래서 내가 당신을 깨웠었지요. 그곳에서 당신의 어머니가 당신을 잉태하였고, 그리고 해산의 진통을 가졌었지요.

leaning upon her beloved? I raised thee up under the apple tree : there thy mother brought thee forth : there she brought thee forth that bare thee.

6

이젠 나를 옥새(玉璽)같이 당신 마음에 두세요. 그리고 당신 팔 위에도. 사랑은 죽음처럼 강하고, 그 질투는 음부처럼 잔인해요, 사랑이나 질투의 불꽃은 불의 화염처럼 타오르고 있어요. 마치 여호와의 화염처럼요.

Set me as a seal upon thine heart, as a seal upon thine arm : for love is strong as death ; jealousy is cruel as the grave : the coals thereof are coals of fire, which hath a most vehement flame.

7

사랑의 불꽃은 많은 물로도, 흐르는 강물로도 끌 수 없어

Many waters cannot quench love, neither can

요. 사람이 자기 모든 재산을 전부 바쳐 사랑을 하려 한들, 그는 사람들에게 멸시를 받고 또 받을 뿐이에요.		the floods drown It : if a man would give all the substance of his house for love, it would utterly be contemned.
우리에겐 아직 젖가슴이 없는 어린 누이가 있어요. 누군가 그에게 청혼이라도 하는 날이 오면, 우리는 그녀를 위해 무엇을 해야 한단 말인가요?	8	We have a little sister, and she hath no breasts: what shall we do for our sister in the day when she shall be spoken for?
누이가 성벽이라면, 우린 그녀 위에 은으로 망대를 세울 것입니다. 그녀가 문이라면, 백향목 널판으로 그녀를 두를 것입니다.	9	If she be a wall, we will build upon her a palace of silver : and if she be a door, we will inclose her with boards of cedar.

10 나는 성벽, 내 젖가슴은 망대랍니다. 그래서 나는 그대 보시기에 만족을 줄 거예요.

I am a wall, and my breasts like towers : then was I in his eyes as one that found favour.

11 솔로몬에겐 바알하몬에 포도원 하나가 있었습니다. 그는 자신의 포도원을 빌려 농사짓는 농부들에게, 열매를 갖게 하는 대신, 각기 은 천 세겔씩 바치게 했습니다.

Solomon had a vineyard at Baalhamon ; he let out the vineyard unto keepers ; every one for the fruit thereof was to bring a thousand pieces of silver.

12 내 포도원은 내 마음대로 할 수 있답니다. 오, 솔로몬이시여! 천 세겔은 당신 것, 이백 세겔은 농부들 몫입니다.

My vineyard, which is mine, is before me : thou, O Solomon, must have a thousand, and those that keep the fruit thereof two hundred.

13 동산에 거하는 그대여(술람미 여인이여)! 내 동무들이 그대 말소리에 귀를 기울이고 있으니, 나 또한 그대의 말소리를 듣게 해 주오.

13 Thou that dwellest in the gardens, the companions hearken(listen) to thy voice : cause me to hear it.

14 나의 사랑하는 자여! 빨리 오세요. 향나무 우거진 산과 들을 달리는 노루나 젊은 수사슴처럼 달려오세요.

14 Make haste, my beloved, and be thou like to a roe or to a young hart upon the mountains of spices.

최신 아가서 해설

펴 낸 날 1판 1쇄 2011. 10. 31

지 은 이 최요한
펴 낸 이 이환호
펴 낸 곳 도서출판 예찬사
등 록 1979. 1. 16 제302-2004-000056호
주 소 서울시 용산구 한강로2가 108-1 정우빌딩 202호
전 화 798-0147(편집) 798-0148~9(영업)
팩시밀리 798-0145
홈페이지 yechansa.com
전자우편 yechansa@yechansa.com
yechansa7@yahoo.co.kr

I S B N 978-89-7439-379-3